わたしの旅ブックス
030

真夏の刺身弁当
旅は道連れ世は情け

沢野ひとし

産業編集センター

まえがき

十代の頃から山登りをしてきたが、しだいにテントや寝袋、ロープ、ピッケル、アイゼンと装備が増えだし、まるで道具に振り回されている気がしてならない時期があった。そして歳を重ね、だんだんと山歩きから離れていった。

ある時に若山牧水の『木枯紀行』を読み、そのシンプルで素朴な旅にいたく感動した。憧れはすぐさま行動に移る。秋の小淵沢駅から八ヶ岳の裾野をぐるりと一人で歩いてみた。

野辺山から松原湖、千曲川の源流、川上村と幾つもの民宿に泊まった。

梓山の民宿の囲炉裏で酒を飲んでいると、宿の女将さんに「遊んでいないで仕事するずら」と諭されてしまった。

その時に鶏肉とレタスの鍋料理を初めて食べた。さらに新そばの味も忘れられない。

カラマツ林の十文字峠を越えて秩父に下ったが、今でも濃い青空を思い出す。

旅支度は牧水のマネをして、あえて軽装にした。

カメラ、食料、山の服装はやめて、運動靴に手ぶらに近い格好でただ無心に歩いた。意外にも牧水は「磁石、地図、列車の時刻表」は肌から離さなかったらしい。

牧水は「幾山河越えさり行かば」とまるで放浪、漂泊かのごとく旅を続けているように見えるが、きちんと目的を持って旅を続けていた。さらに旅のプロは行き先で揉め事を起こしたり迷惑をかけたり絶対にしない。

牧水に旅の極意を学んだが、しかしその後の私の旅はというと、やはり目新しいザックやトランク、旅の小物に惑わされて、目移りばかりで困ったものだ。

真夏の刺身弁当　旅は道連れ世は情け――目次

第2章 海を越えて

第3章 暮らすように旅する

第4章 旅は道連れ家族連れ

新たな町に行きたい

千葉にいた高校生の頃に、気が向くと休日に市立図書館に行って時間をつぶしていた。文学や絵画、芸術といったものに丁度目覚める時期にさしかかっていた。とにかく手当たりしだいに本を読んでいた。

夏休みの終わり頃にロジェ・マルタン・デュ・ガールの『チボー家の人々』にとりかかった。読み始めた時は、八部からなる大河小説を自分の頭で、ラストの一ページまで読み終えるとは到底考えてもいなかった。

しかしページをめくると、主人公の苦悩がまるで自分自身に乗り移った気がして、無我夢中になって物語の世界に入っていった。九月中旬に読み終えた時は思わず大きな溜め息をつき、ふと窓の外を見るとすっかり外は暗くなっていた。〝秋の日は釣瓶落し〟の言葉を実感した。

いつも図書館の片隅で隠れるように本を読んでいたが、あらためて見回すとそこは天井の明かりも、窓からの陽も差さず本を読むにはずいぶん不便な場所であった。

本の世界にどっぷりつかっていると、一人で小舟に乗り航海をしていることにはじめて気がついた。薄暗い部屋でフランスの海原を漕いできたような充実感があった。

自分の中で眠っていた文学への思いを、その本によって発見した。分厚い全十一巻の本を読み終えた喜びよりも、長い文学の旅に出

られた事に感激をしていた。

その後『車輪の下』『魔の山』『赤と黒』といった名作を次々と読み、見たこともない国や風景に触れた。

そして一人で山登りをはじめてみると、孤独だがなんと自由なんだろうと、体中で歓喜している自分に気が付いた。頂上に立ち、あたりの澄み渡った峰々を見ていると登山の喜びを再認識した。


二十代の終わりの頃に一人でデンマークのコペンハーゲンを旅したことがある。言葉はまったくできないが不安はなにもなかった。アンデルセンの童話の国を夢見る心地で歩いていた。カラフルな窓や煙突のある家々、北欧風にデザインされたシンプルな家具と見ているだけで、コペンハーゲンに来られたことに満足していた。町を気ままに歩き、探していた絵本作家の古本をトランクに入れ、帰国

の日に意気揚々とタクシーで早朝の空港に向かった。

だが人影もなくガランとした出発ロビーに行った時、行き成り思ってもいなかった寂しさにしめつけられた。うまく説明できないが、掃除が行き届いた清潔な都市が、自分にはなんの関係もない町に見えてしかたがなかった。

高層ビルはなく、保存された歴史的な建物の多い町の風景と、これから帰る自分が住む東京郊外の町並みの落差を思い出していた。飲食店やパチンコ屋に、金融会社の看板ばかりが目に付く駅前の風景。

乗り遅れたらと心配のあまり、早目に空港に来たことをふつふつと後悔していた。

本を夢中になって読み、ふっと我に返る時の感覚は、海外旅行で帰国の空港にいる時に似ているかも知れない。

やけに孤独感に包まれ、ベンチに座りトランクに両足を乗せていた。

旅は日常生活から遠く離れるほど、出会う町や人に驚き、感激するものだ。新しい町を歩く時、まるで新しい恋に夢中になるように新鮮な気持ちになる。

そういえばネパールの山奥で少年がサトウキビをかじりながら歩いている姿を見て、あぁ自分も小学生の夏にサトウキビにガリガリと歯を立てていたと、やけに感動したことがある。

そしてカトマンズ空港で帰る飛行機を待っている間に、あれほど魅力的だった山旅が遠く去っていく空虚な気持ち。なぜ人はあれほど憧れた旅を永遠に続けることができないのかと思いをめぐらせた。

まだ暗い早朝や深夜の時間帯、外国の空港の待合室は旅する人にとって瞑想の場といえよう。

パリ、北京、マニラ、ホノルル、ロスアンゼルスと、空港での記憶がまるで旅そのものの思い出のように次々に去来する時がある。

まだ免税店も開いておらず、文庫本を開いてもすぐに閉じてしまい、退屈してロビーから外に出ると、満点の星に声を上げたハバナの空港。葉巻のかすかな匂いがただようキューバにいる時は、一度も夜の空を見上げたことはなかった。いつも夜はラム酒で酔いつぶれ、地面ばかり見つめながら友人たちと這うようにホテルに帰っていた。だからか、ある夜四、五人の少年ギャングに後ろから羽交い締めにされ、腕時計を奪われた。なにも怪我がなかったのがもっけの幸いであった。

バリ島に二週間、雑誌の取材で滞在したことがある。一番高いアグン山から見た風景や、ひたすらはげしく動くケチャダンス。魅力的な建物、島全体にまるで霞がかかったような幻想的な風俗。

しかしバリ島でのもっとも鮮明な思い出は出国する時である。空港に居た亀ギターのおじさんであった。亀の甲羅で作った民芸品のギターを奏で、そのギターを帰国するロビーの観光客に売りつけていた。

私の前に来て、日本人にとってもっとも馴染みの深い曲「さくらさくら」の曲をたどたどしく弾いていた。興味を持って見つめていると、老人はずっしりした亀ギターを私によこし値段を口にした。日本円で十万円もするので首を振ると「では八万円、では七万円」と鋭くせまってくるのだ。汚れたみすぼらしい青のシャツを着た老人は必死であった。「五万円」と空港内に響く大声を上げた時、思

わずサイフを開きそうになったが、思い止まった。

家にはギターが何台もあり、おそらく亀ギターは楽器としては使用できず、ただの飾りに終わってしまう。

首を振り搭乗ゲートに入って行こうとすると老人は「四万円」といって私の袖を強くひっぱった。

振り返ると老人の濁ったどんよりした眼が必死にうったえていた。無視して、ゆっくり動く列と一緒に歩いていくと、またサクラのメロディーの出だしの部分だけを繰り返し奏でていた。

国際空港にはその国の匂いが強烈に充満していて、到着した時に一瞬身構えるかのごとく後退りをする。だが帰路の時はその匂いもまったく気にならなくなる。

自分の体にすっかり溶けこんで気が付かないのだ。

旅によって自分の志向が変わることはないだろう。しかし海外で繰り返し旅してきた者には、本人は気づいていないが、独特な匂いが染みついている。あまり匂いが強く染み込んだ人間は日常生活に戻った時に社会からも拒否されるものである。

旅は人間にとって楽園といえよう。しかしパラダイスな土地に長くいた者は排除されていく。

そんなことを知っていながら身の丈に合った旅を探すために、また繰り返し人は旅に出る。

自由に思いつくまま旅に出られない時ほど、熱心に旅の本を読むものだ。

金子光晴の『どくろ杯』を読み、上海やアジアを旅した人が多い。嘘もたくさん盛り込んだ作品だが、若者たちは光晴の自由な放浪の

旅に憧れてアジアに向かった。

旅の目的が理解できないところに逆に、いっそう気持ちが動かされ、魅力的に思えた。


私が光晴の小説に引かれて上海に行ったのは五十代の半ばであった。行ってみると一九二〇年当時の町の風景はまったく残っていないが、光晴とその妻、森三千代が暮らしていた地区をさ迷うかのごとく歩き、それだけで旅の目的を果たしたようで満足していた。上海の裏路地で菜っ葉が腐った匂いをかぎ、ああ、これこそが中国だと認識した。

それが切っ掛けで、自分自身が十年に渡り、中国各地へ繰り返し出かけるとは思いもよらなかった。

一度中国の塀を乗り越えると、後は野となれ山となれと、ロシア

国境の町、満州里やハイラルに何度も行くようになってしまった。

列車の窓から荒涼とした風景を眺めていると、日本軍が満州国を建国しようとした時代のことをしきりに思い返す。荒れ果てた土地を開拓しようと夢を持って渡った多くの若者たち。

中国東北地方を旅していると、まるで戦時中のような錯覚に陥る。

鬼籍に入る日も近い歳になると、一つ一つの旅が貴重なものになってくる。これからもやはり足が動くかぎり、見知らぬ旅への願望を抱く。

第1章

旅を知る

迷子に目覚める

子どもの頃は、遠出をするとよく迷子になっていた。

五歳の時に両親に連れられて新宿の三越百貨店に行った時も、父親のいうことを聞いていなかった為に店内で迷子になった。その頃、双眼鏡や望遠鏡に興味を持ちはじめていた。親の言う通り玩具売場でじっと待っていれば良かったのに、数階、上の階の時計売場に望遠鏡があることを知り、うれしくて階段を駆け上がっていった。時計売場の奥に天体望遠鏡が飾られてあった。さらに高級な双眼鏡や顕微鏡もガラスケースにあり、かじりついていた。どれもこれも本

物は迫力があり、見ているだけで体が熱くなる。ケースの外に出されていて、触れることができる望遠鏡をじっくり眺めていると、時は瞬く間に過ぎて行った。元の玩具売場に戻ってみると、どこにも両親の姿はなかった。泣きべそをかきながら、上や下の階を探しても見つからなかった。迷子の受付があることを知らない子どもは、無我夢中で泣きながら、広い百貨店の店内を歩き廻り、両親を探し、呆然としたまま日が暮れかかっている外に出た。

家は中央線の東中野であった。大久保、新宿と二駅分の距離である。幼い子の考えたことは、電車の線路沿いに歩いて行けば家に帰れる。そう考えるのが妥当である。

靖国通りの新宿大ガードをくぐり、できる限り線路から離れない道を選び、涙を拭きながら小走りに、まずは大久保駅を目指した。

そして大久保駅まで来たら、すでに涙は枯れ果て、次の目標の淀橋市場に向かった。ここには三歳上の兄と一緒に来たことがあり、土地勘があった。野菜が積まれた市場を覚えていた。

すっかり暗くなった市場には人影がなかったが、ここまでくればよく遊んだ結婚式場の日本閣も、もうすぐである。

明かりのついた家の玄関を開けて、「ただいまー」と大声をあげると、父親が仁王立ちで「もう少しで警察に行くところだった。どこに行っていた」と叫んだ。

小学校に入学して最初の遠足は新宿御苑で、昼食の後の自由時間に遠くまで一人でふらつき、ここでも迷子になってしまい、二度と集合場所には戻れず、また代々木駅、新宿、大久保、東中野と歩いて帰り、暗くなった夜道で泣いていた。

足が棒のようになり無事に家にたどり着くと、さすがに父親の剣幕に体が震えた。
「お前は先生の言い付けをなぜ聞けないのだ」と拳骨で頭を強く叩かれた。

都内の小学校の高学年の遠足は高尾山が多い。なんと今度は山中で迷子になり、不安で胸がつぶれる思いをした。登山路を外れないように下山して、暗くなりかけた街道をなんとか駅まで歩いて行くと、駅の待合室のベンチに肩を落とした担任の先生がいた。「先生ごめんなさい」と声をかけると「ああ良かった。心配していたのだから」と肩を震わせハンカチで自分の涙をそっと拭いた。
担任の若い女性の先生は自宅まで送ってくれたが、両親は呆れ果てた顔をしていた。父親は「もう遠足はこれで終わりにしよう」と

私の頭を小突いた。

小学校を卒業する頃になると、都内ならどこでも歩いて行けることを身をもって体験した。

休日になると兄に連れられ市ヶ谷のお堀で何度か釣りをしていたが、ある時に兄とはぐれてしまい、またしても歩いて家に帰る決心をした。市ヶ谷、四ツ谷、信濃町、千駄ヶ谷と線路に沿って歩いて東中野まで帰ってきた。先に戻っていた兄に「歩いて来た」と言うと、「なんで電車に乗ってこないのだ」と怒られた。

小学生にとって電車は、どこか遠い土地に運ばれていくようでその不安の方が大きかった。

中学三年の時に千葉市の海岸の近くに引越しをした。家から五分

ほど歩くと海岸に出た。遠浅の海は潮干狩りもできるし、メバルやハゼがとれ、すっかり釣りに夢中になっていた。

　高校に入ると小さなカヌーを造った。安定を良くするために、腕木を張り出したアウトリガーにしたが、妙な形の舟で、リヤカーで海まで運搬すると、道ゆく友は「その舟、いかにも沈没しそう」と言った。たしかに見てくれの悪い舟であった。だが遠くまで行かなければ安全で、気分だけは「海の男」に浸ることができた。

　休日だけではなく、学校をズル休みしては舟に乗り海に出て泳いだり、貝や魚をとって家族の夕食のおかずにしていた。

　兄の影響で登山にも興味を持ちはじめ、学校の友達を誘い奥多摩や丹沢を歩いていた。山登りは自然の起伏が多いためか、冒検的な人を魅了する深さがあった。

　八ヶ岳や穂高の縦走を一人で歩くと、山登りの虜になり、ますま

す新たな山の世界にのめり込んでいった。山の自然の濃さに山の荘厳さ。あるいは静けさ。山にはなによりも自由があった。逆に学業にはまったく頭を使わず、海や山やギターと、余計な事に頭を使い、次第に堕落の道を進んで行くのであった。

ある夏の終わりにカヌーに乗って沖に出ると、予想をしていた以上に潮の流れが速く、舟はいつのまにかはるか遠くまで流されて行った。櫂でいくら漕いでも陸に戻ることはできなかった。焦る気持ちをおさえながら、潮を注意しあたりが暗くなるのをただじっと眺めて身構えていた。

漁に出たエンジン付きの本物の船が戻ってくれば、タオルやシャツを振り助けを求めることができる。それを待つしかなかった。

時間が過ぎ、やがて体の中で危険信号が点滅しはじめた時に、遠

くの方から小型のエンジン音と煙を立てながらやっと船が見えてきた。ここはタオルを力いっぱい振るしか助かる道はない。「ああ助かった」やっと白いタオルに気づいてくれたのか、船がぐんぐん近づいてくるのであった。

タオルをまわしながら、涙が止まらない。なんと驚いたことに、船には、中学生の時によく難癖をつけられ、自分を小突いていた不良が赤銅色をした父親らしき人と乗っていた。

「おう、久しぶり」

「助けて下さい、お願いします」大粒の涙が流れていた。

ロープをカヌーの先端に結ぶと、しぶきをあげてあっという間に陸に着いてしまった。

浜の小屋の前でカヌーは放された。

「おかしいぞ、涙なんか流しちゃって」

不良は中学を卒業すると本物の漁師になり、父親と毎日のように沖に出ていたようだ。

小屋の前では焚き火を囲み、五、六人の体格のいい若者が一升瓶を横に置き酒を飲み交わしていた。

彼は鉄の大きな網の上に無造作に魚や貝、トウモロコシ、タマネギ、里イモなどを、軍手をした慣れた手つきで乗せていく。

「これうまいよ」そう言ってトウモロコシをポンと藁の上に投げてよこした。

「よう、海の不良」

彼はニヤリと笑い、

「もっと火のそばに寄りな」と言った。

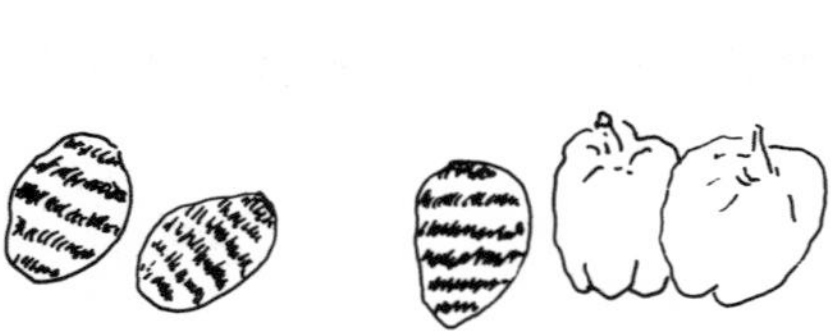

真夏の刺身弁当

隣のクラスの女子生徒と妙な縁で知り合った。国鉄の千葉駅前にある、割烹料理屋の娘だという。一学年上の高校二年生にしては目鼻が整い、背も高いせいか大人っぽく見えた。

私は入学してすぐに美術クラブに入っていた。梅雨が明け、暑苦しい季節になったある日の放課後、廊下を歩いていると彼女が白い封筒を手にして私のところに来た。顔を真っ赤に染めて「あの……これを」と目まで充血させていた。それまでラブレターなど一度も受け取ったことがなかった。マドンナ的な生徒だったので、私は一

瞬にして舞い上がった。しかし宛名には悲しいことにクラブの先輩の名が書かれていた。「お願いです。手渡して下さい」そう言うと一目散に姿を消してしまった。

小さな三畳ほどの部室にハンサムな先輩がやってきたので「これを頼まれました」と渡すと、封筒を開けずにカバンの中になんだか興味なさそうにぽいと入れた。

私はその先輩に美術、文学、音楽と授業以外の大切なことを教わった。時々先輩の検見川の自宅にギターを習いに行ったりもしていた。

先輩の家の側に山小屋風の喫茶店があり、そこで私ははじめてコーヒーを飲んだ。喫茶店もコーヒーも大人の世界への入り口である。中学生までまったく縁がない世界であった。

先輩は砂糖を一さじそっと入れると、小さなカップをぐるりと一

周させた。そこに静かにミルクを注ぎ、白い膜を作った。そして口にすると、ふうーと溜息をついた。コーヒー一つ飲むのにも儀式があるようで、人を引き付ける仕草である。私も真似して白いミルクの膜を表面に浮かそうとするが、一度も成功をした試しがない。先輩は女子生徒にモテるはずなのに、まったく浮いた話はなかった。逆に私は学校に来る大きな要素は好きな生徒の横顔を見るためであった。

しばらくして割烹料理の娘から、また声を掛けられた。今度は白い封筒は持っておらず、次の日曜日にもし暇があるなら千葉港に行こうと誘われた。お弁当を持って行くので手ぶらでいいと言った。京成千葉駅で待ち合わせ、バスに乗って港まで向かった。竹のバスケットの中にきっとお弁当が入っているのだろう。窓から流れる

風景と、彼女の整った顔を盗むように交互に見つめていた。白いワンピース姿が清楚で眩しかった。

小さな公園のベンチに座り、大型タンカーが次々と狭い湾内を出入りするのをぼんやり見つめていた。草色の服を着た沖仲仕の人たちが遠慮なく私たちを凝視して、工場内の仕事場にまるで軍隊が行進するかのごとく整列して歩いて行った。

「海はいいな。海を見つめるのは何ヶ月ぶりかしら」と言って、彼女はずっと遠くの海を見つめていた。しばらくして、先輩の名を口にして「あの人も海が好きかな」と言った。私はアランドロンが主演の『太陽がいっぱい』の主題歌を先輩からギターで習ったことを話すと、「そういえば彼の横顔、アランドロンにそっくりね」と言った。

彼女は自分の膝の上に白いハンカチを広げ、杉の経木のお弁当を

私の方に寄越した。開いてみて箸を伸ばすのを一瞬戸惑ったのは、もうすぐ夏休みに入ろうとしていた時期なのに、なんと刺身弁当だったからだ。マグロ、イカ、タコ、アジがご飯の上にきれいに載っていた。傷みやすい生ものなのでためらっていると、「おいしいですよ」といって水筒からコップに麦茶を注いだ。

おそるおそる食べてみると、酢漬けにされた刺身は予想を超えてうまかった。また酢飯もさっぱりと口に合った。

弁当を食べた後は防波堤の一番奥にある灯台の下で、腰を下ろし二人ともじっと黙って海を見つめていた。

その後も何度か会っていたが、彼女の話題はやはり先輩一色であった。市に新設されたばかりの私の高校は、まだ先輩たちと自分たちの二学年しかいなかった。その分生徒たちの交流は緊密で、上

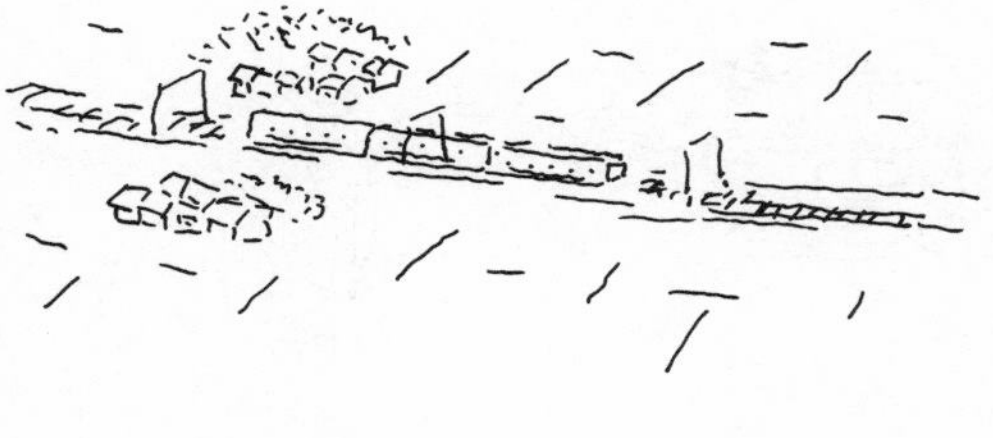

下の隔たりはなかった。

それまでは日曜日というと先輩の家に行っていたのだが、彼女のお弁当デートがはじまってからは毎週のように港に出かけ、公園で先輩の同じ話を繰り返し聞かされるのだった。異なるのは弁当の中身だけであった。

我が家の弁当といえば黄色いアルミ弁当箱に、塩シャケかカツオブシに梅干し、海苔とキンピラと決まっていた。

しかし彼女が持参してくる弁当はシャケのフライ、串に刺した焼き鳥、プラスチックケースに入った、汁をたっぷり吸い込んだおでん、春雨、ぶりの照り焼き、チキンの唐揚げにポテトサラダと全体に仕出し屋風で派手であった。

彼女の親戚が成田山で老舗の鰻屋を営んでいるというので、夏休

みに入ると成田山新勝寺にお参りに行くことになった。

早朝、国鉄千葉駅の待合室に行くと、すでにいつもの白いワンピースに小さな麦藁帽子をかぶり、竹のバスケットを手にして彼女がベンチに座っていた。

列車の座席に腰を下ろすとすぐにバスケットを開いて、中身を確認するように私にも見せた。夏ミカンや容器に入ったあんみつ、最中があり「みんなお店から分けてもらってきた」と顔を赤く染めた。

車窓には緑一面の畑や山林が次々と現れては流れていった。

成田山のはじまりは平安時代、関東の平和と繁栄を願い新勝寺が開山された。不動明王が千年以上も庶民の信仰を集め全ての人を救おうとしている。

私たちはお参りの後は成田山総門の手前にある彼女の親戚の鰻屋

に寄った。昼前になっていたので、店の前にはすでに順番を待っている客が長イスに座っていた。

表参道にはたくさんの鰻屋が集中していた。彼女が言うには昔から成田では鰻や川魚を食べる習慣があり、江戸時代に入ると成田詣も多くなり、長旅を癒すためにも、精がつく鰻が定着したのだという。私たちが入った店は、そんな鰻屋の中でも一番大きな店構えだった。

店で働く人は彼女のことを口々に「お嬢さん」と呼び、待たされることもなく二階に案内された。

吹き抜ける風がなんとも心地よい。成田山にははじめて来たので、門前町のなにもかもが珍しく、私は辺りを見回していた。彼女の親戚は鰻屋だけではなく、駅前の旅館も営んでいる。

しばらくして黒塗りの鰻重がきた。少し焦げ目が付き香ばしく匂

う。箸を伸ばすと中はふっくらしていて、ご飯にかかった甘いタレといい、この世のものとは思えないおいしさであった。こうした店屋で鰻を食べたのは生まれて初めてであった。

無我夢中で食べ終わり、ふと彼女を見つめると、目が「良かったわね」とうなずきうれしそうに笑っていた。彼女はこれまで何度も食べているので、小さめの鰻重であった。

重箱の隅の一粒のお米も残さなかったこちらを見て「また来ましょうね」と言い夏ミカンを小さなナイフで切っていた。

築百年は超す建物は天井が高く広々として開放感に浸れた。

帰り道も来た時と同じように、駅までの門前町をそぞろ歩きをしていく。江戸時代の名残がまだたっぷり残った土産屋が並んでいる。

「遠出をすると気持ちが新鮮になるわね」

「旅に出ると辛いことも消えていきます」

会えば毎回のように先輩の話になるのだが、今日一日はすっかり彼の話題は出なかった。

帰りの列車は日曜日でお参りの客が多かったせいか、混雑して座ることはできなかった。

通路に竹のバスケットを置き、そこに彼女はちょこんと腰を下ろし、こちらはぴったり身を寄せるように新聞紙を広げ足を曲げた。千葉駅までの一時間は彼女のやわらかい体を感じ旅の余韻に浸っていた。

彼女は小さな声で「鰻重と私とどっちが好き」と笑った。

山が呼んでいる

八ヶ岳を南から北へと一人で縦走したのは、十七歳の五月の中旬であった。それまでは兄と奥多摩や丹沢、あるいは友人と秩父や三つ峠などの低山ばかりを歩いていた。

学業は怠っていた分、山岳書を夢中になって読みふけっていた。なぜ山にとりつかれたのかうまく説明できないが、自分の足だけで頂上に立てた時の喜びは、何ものにも代え難いものがあった。またさえぎるもののない自然の中にポツンといる不思議な感動を味わった。

山の道具はすべて兄から借りたものばかりだ。大学に入った兄は一九六〇年の安保阻止のために学生運動にのめり込み、山に行く余裕と情熱は消え失せていた。

八ヶ岳連峰の縦走を決意したのは、山岳雑誌に載っていた魅力的な紀行文であった。ザックの中にはわずかなコメと食料と水筒、地図、そして雨具、懐中電灯が入っていた。

その当時の山登りはすべて夜行列車である。小渕沢駅から早朝の町並みをぬけると次第に傾斜が強くなっていき、観音寺まで二時間ほどであった。標高は一五〇〇m、風がさわやかである。あたり一面に赤いツツジが広がり、振り返ると雪をかぶった南アルプスが眩しく光っていた。とりわけ甲斐駒ケ岳が目の前に両手を広げるように突っ立っている。

山へ行くにつれて学んだことは、休憩の仕方であった。休むたび

にザックを下ろし、どっかりと座る休み方は逆に疲労が増すばかりで効率が悪い。大げさだが、マラソン選手のごとく走り出したらゴールまで立ち止まらないことだ。休憩はザックを背負ったまま甘いものを口に入れ、呼吸を整えたらあとは気合を入れ、ひたすら歩くこと。この歩くリズムと息遣いが合って来た時、無限に遠くまで行けるものだ。

網笠山の頂上には寄らず、巻き道で青年小屋に着く。五月の連休が終わった山小屋は閉鎖して無人になることが多い。

小屋の外から覗き込むように「こんにちは」と明るく大声で挨拶すると、小屋の裏手からぬっとヒゲをはやした小屋番らしき男が出て来た。無言でこちらの格好をジロリと眺め「どこまで行くのだ」「赤岳の頂上小屋まで」と言うと、「五、六時間はかかるぞ」と言ってまた裏の方に消えてしまった。

おにぎりとミカンを口にした後はひたすら権現岳をめざすために息を切らして急登にとりつくのであった。まだ時間はギリギリ午前中を指しているが、なんとしても赤岳頂上小屋に暗くなる前の三時には入りたい。人影の見えない稜線は風もなくおだやかな青空が一面に広がっている。この山容と静寂が山登りをする者の心をとらえる。

これまで何度も友人を誘い山に来ていたが、たえず不満があった。自分のリズムで山を登ることができなかったからだ。友人は山で飯を食い、笑い、山を満喫していたが、もっと高みをめざす山へ、尖鋭的な登山をめざすことはしなかった。

こちらはハシゴ場やクサリ場が続く登山路では満足できなかった。ペンキや踏み跡を確認しながらの登山から、もう一歩進み未知の世界に興味があった。できることなら単独の孤独な山行に自分を置い

てみたかった。こうして一人で歩いてみると、単独登山がこれほど楽しく快適で自分に合っているとは思いもしなかった。

そういえばなにかというと山にカメラを向け、花を見れば高山植物の名を覚えようと小さな図鑑を取り出す友人に、苛立ちを覚える時があった。好きな本をザックに入れる、山のスケッチをする、山の歌を口ずさむ、仲間との友情。こんなことはすべて末梢的なことにすぎない。

山登りは単純にひたすら歩き、テントや山小屋で泥のように眠り、また無心に歩く。この単純にひたすら歩くことが純粋な山の楽しみ方だとこの時は信じていた。

長い山道を歩き、やっと取れた休息の時に一瞬空を見上げる。山登りはこれで良いと思う。勉強ができないために、学校での生活に重苦しいものがあり、もしかしたらそれからの解放を求めて山に入

りこんできたのかも知れないが、山の自然の中でがむしゃらに歩きたかった。元々我儘で自分勝手な人間なので、一人がなおさら良い。

キレット小屋を過ぎるとおそらく縦走路の中で一番緊張がある箇所がでてくる。赤岳はその山名のごとく全体に赤い山である。酸化鉄による赤い岩肌がにぶく光っている。

「頂上まであと二時間」そう時計を見ながら幾度となく心の中で念を押す。どんなことがあっても夕食の時間には頂上小屋に入りたかった。

赤く脆い岩場を白ペンキのルートにしたがって両手両足を使い登って行く。落石を起こさないように足元も注意をして荒い息を吐いて行く。

滑りやすい岩場からハシゴ、クサリ場が続き、真教寺尾根と合流し、頂上小屋にやっとの思いで到着した。小淵沢駅から歩き続け、

指折り算えると十時間は超えていそうである。小屋の前にへたり込み、夕暮れの山容に見とれている。頭の中はからっぽで、思い出すのは赤いツツジの花ぐらいであった。

岩に囲まれた要塞のような小屋の中に入ると、ランプの灯がポツンと見えた。目がなれるまでしばらく時間がかかり、小屋の主人に宿泊のことをつげると「遅い」といきなりどやされ、夕食のための米をザックから取り出すと、「遅いうえに夕めしもか」と追討ちをかけられた。どの山小屋も泊まりとなると一人一合の米持参が常識であった。

小屋の真ん中に炬燵があり、三人の登山者が背を丸めて夕食まで和んでいた。会釈をして足を入れると、となりの人が「冷めた人が入ってきた」と言った。

小屋の主人が「こんな時間までどこをうろついていたのだ」と聞

くので「小渕沢の駅から来ました」「なに小渕沢。それはたいしたものだ」と言い「まだ高校生だろう、山は無理は禁物だ」と熱いお茶を置いていった。夕食のカレーライスを口にすると、すぐさま布団にもぐり込み、朝まで昏睡状態であった。

赤岳（二八九九m）の頂上から稜線上を北に向かって岩稜帯を越えていくのだが、特別急登があるわけではないので体力的には楽である。クサリ場の連続やハシゴなどもあるが慌てることはなく、慎重に手足を動かして登り下りを繰り返して進む。

険しい岩場もある横岳を通過して硫黄岳までくると、あとはなだらかな下りが待っているだけである。

硫黄岳の北に夏沢峠がある。この峠は数百年前の江戸時代に開かれた峠で、佐久や諏訪の交易の路であった。

本沢温泉の小屋で水を一杯飲んで、朝から背にしたザックを下ろ

し黄色い硫黄岳を見上げる。あとは三時間だらだらした林道を稲子登山口まで鼻歌交りで長閑な高原を見ながら歩いて行く。松原湖を横目で見ながらあと少しで駅である。ながいながい山旅もやっと終わることになる。振り返ると、今やなつかしくも思える硫黄岳がどっしりと威厳のある姿を見せている。自分の山登りに満足した二日間であった。

起床は午前三時

山旅という言葉の響きが好きである。険しい岩壁を登り、登攀《とうはん》道具を使う山よりも、尾根から尾根へと縦走していく山登りに魅せられる。山旅となれば、山中に二、三泊はしたい。山麓のブナ林、高山植物、池塘に映る青い空、残雪が輝く山。山旅には楽しみが多い。山形と新潟の県境に朝日連峰がある。高山植物の山として人気が高い。日本海から近い山だけに、有数の豪雪地帯で、夏でも雪が残っている。したがって稜線上にはニッコウキスゲの群生が広がっている。

以東岳《いとうだけ》から大朝日岳への縦走は山中にもやはり、二泊は必要となる。無人小屋しかないので、テント山行が基本となり、食料、寝袋をザックに詰めて、ブナ林が出発点となる。

高山植物は七月初旬が最も美しい。梅雨が終わり天候が安定した時期にすばやく山に入りたい。八月中旬になると頂上にはすでに秋の風が流れ、高山植物は防御に入り隠れてしまう。

山旅といえど、稜線までの登りはじっと足元ばかりを見つめ、我慢に我慢をかさね、汗をぬぐい、ひたすら体をしごいての連続である。仲間とは少しずつ距離ができてくる。だがブナ林を抜け稜線に出ると、頭上に大きな広い空が広がり、眼下にはすでに小さくなった集落が見えてくる。

ザックを下ろし一休みする時、体に沈殿していた不純物が汗と共に流れ、日常生活の頭の疲れのようなものが、汗と消えていく。簡

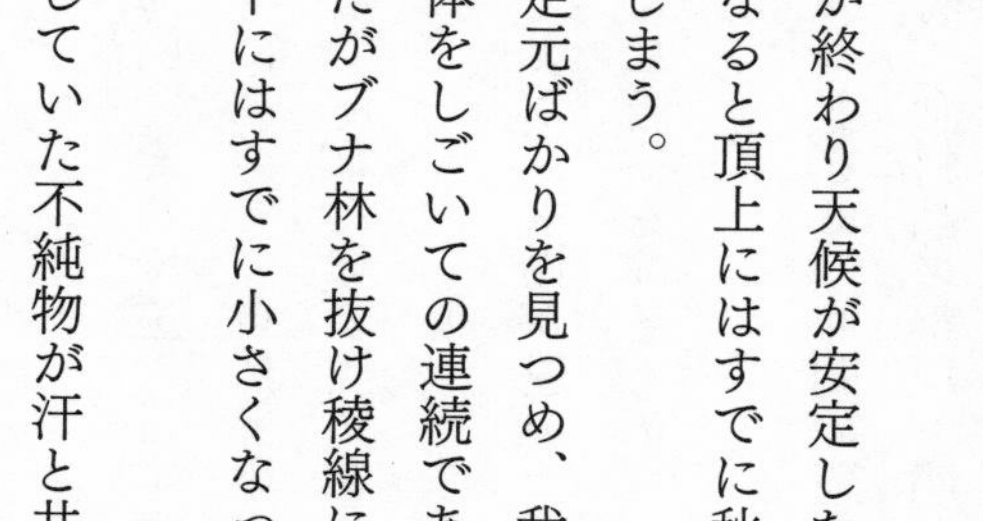

単な行動食を口にし、仲間と笑い合ううちに、体は山に馴染んできて、山の壮快感が蘇ってくる。

以東岳の頂上から、飯豊《いいで》連峰、月山《がっさん》、鳥海山《ちょうかいさん》、そして遠く日本海が白く鏡のように見える。こういう風景の中に立つと、自然界の大きさに、思わず感嘆の声が出てしまう。都会で汚れた肺の空気を吐き出し何度も両手を開き深呼吸をする。

残雪が豊富にあるテント場は、天国といえよう。水場が遠いテント指定地は食事の用意や食器洗いの後片付けに苦労をするものだ。雪は水の代わりとして重宝する。

テントを立てると、夕食の時間まで自由の身となる。仲間の連中を見まわすと、イス代りに大きな石を探す者、食料品の整理、明日からの行動表を再度チェックしている者、ビールを残雪の下に冷やす者と、山男たちは一時もじっとしていない。

ケンチン汁の夕食を口にすると、一杯飲むのが最大の楽しみになる。酒が正に五臓六腑に染み渡り、体が震える。僅かな酒を分け合い、遠くの山脈をみんなぼんやり見つめている。

寝袋に入ると、一瞬にて爆睡状態に入ってしまう。マットを敷いてあるが、土の上に寝ていると、体にある毒素がどんどん土に吸い込まれていくようで、体が軽くなり深い眠りに落ちる。

山の朝は早い。ましてテント山行となると、早ければ早いほど良い。夏の午後には落雷が発生する。午後の稜線上を歩いていては危険な時も多い。秋の山は予想以上に釣瓶落としのような夕暮れが待っている。そして冬の山は、雪があればたえず雪崩が待ち受けている。谷間や急な斜面は太陽が顔を出す前に通過してしまいたい。

二時に起きて、食事をして出発することを二、三、四（ニ・サ・シ）

と山言葉で言う。
三、四、五（サ・シ・ゴ）は三時に起床で五時に出発。
そして四、五、六（シ・ゴ・ロ）は六時に出発となる。

山小屋は「四、五、六」が平均的な行動となり、テントとなると、「三、四、五」が合言葉である。

テントを登山口に張ったまま頂上を目指し、往復するときは、片付けは下山の時なので撤収も楽である。縦走ではそうはいかない。朝の出発までかなりせわしく、テントの処理やゴミの始末とあわただしく動くことになる。

さらにロングコースとなると、「明日は二、三、四で行くぞ」とリーダーから夕食の時に声がかかる。「えーっ、二時かよ」といくらか不満が出るが、全員深夜の二時には目覚まし時計もないのに起きてくる。

朝日連峰の縦走には、大きな吹き溜まり的な残雪が点在しており、そのまわりにはチングルマ、ハクサンフウロ、イワギキョウの花が晴れやかに咲いている。そしてなによりも水に不自由しない。朝日山地のような大きな山は懐が深く、野生動物が多く生息し、それだけ原始性が強い。昔からマタギの生活の場でもあった。以東岳、竜門山、西朝日岳、中岳と越えてきた山脈を振り返る時、「よくもここまで歩いてきたものだ」と、山旅の楽しさに一人酔いしれる。

私にとって山登りは「自由の場」といえよう。自由に登り、自由に休み、気儘放題に遊ばしてくれる場が山である。陸上競技やテニスや野球といったスポーツとは異なり、ルールや観客がないことも良い。山登りにルールがあるとすれば、山を汚さない、自然に逆ら

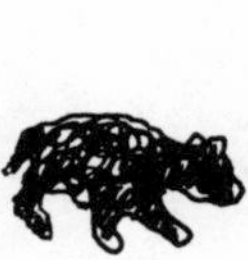

わない、といったところである。至って単純である。

人は時には一人きりになりたい。少しでもいいから孤独な時間を過ごしたいと願望する時がある。そんな時は山に入るのが一番である。できるだけ静かな山を選び、一日でも山を歩くとつきものが落ちたように気持ちにゆとりができてくる。

森、岩、小動物、草木、そして頂上、それらには神が宿っている。精霊が生きていると実感する。だから一人で山を歩いていても一つもさびしさや怖さを感じることはない。

仕事の悩みや日常生活のささやかな苛立ちで、気持ちが萎える時には山に潜る。山の神はどこまでも見通している。

大朝日岳からの下山路、朝日川にある朝日鉱泉の宿までの下り道が意外に長い。天候が良いので頂上付近で「後は下りだけだ」との

んびりしたのが失敗であった。さらに二泊した疲れがこの辺で出てきたのか、下りの足取りがふらつき怪しい。時計を見るとすでに午後四時になっていた。明るい午後だとそれまで油断をしていた。森林地帯に入ると、濃い霧がかかり、あたりは一段と暗くなってきた。

今夜は下山したら宿に一泊することになっていた。足腰が一番強い者に一足先に斥候として下ってもらい、宿の人に夕食の準備を頼むことにした。ヘッドランプを取り出し、急な坂道を転げそうになりながら、ストックを頼りにして荒い息を吐く。荷が重い時は登りよりも下りが怖いものだ。転倒すれば大事故に繋がる。

暗くなると時間の感覚が鈍くなる。「早く川の音が聞こえてこないかな」とそればかりを考え、足元に注意して下って行く。ああやっと川の音が聞こえてきた。川の河畔に今夜の宿がある。するとヘッドランプが下の方でチラチラと動いている。きっと先に下りた

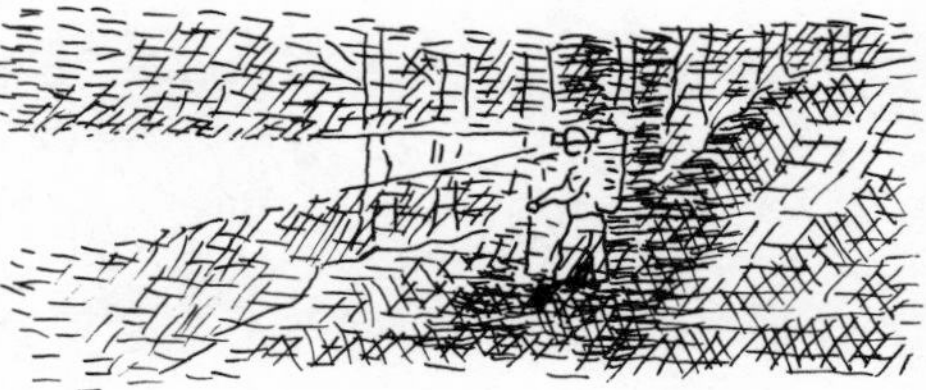

仲間だろう。「ヤッホー」と両手を口に当てて大声を上げると、なんと下の方から「アッホー」とこだまがかえってきた。「ヤッホー」「アッホー」とバカな掛け声を繰り返し、橋を渡り宿に到着すると七時を過ぎていた。元の到着予定の時間は四時であった。

——山では謙虚になれと教えられた朝日連峰の山であった。

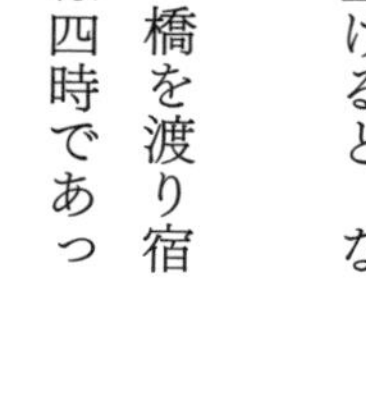

頂にはアンテナがある

大学時代に、奈良と大阪との境にある生駒山のてっぺんのテレビ塔でアルバイトをしていた事がある。仕事は深夜から朝にかけて、テレビ塔内部にあるＦＭ放送用の精密機械の調整であった。電波を送信する専門の技師四人の下で、夜食の用意や山登り用のコンロでのお茶を入れ、働く人の邪魔にならないように、簡単な手伝いをしていた。元々登山が趣味であったので、山の上で動きまわることは全く苦痛ではなかった。

生駒山は標高六四二ｍと低い山ではあったが、作業をした十日間

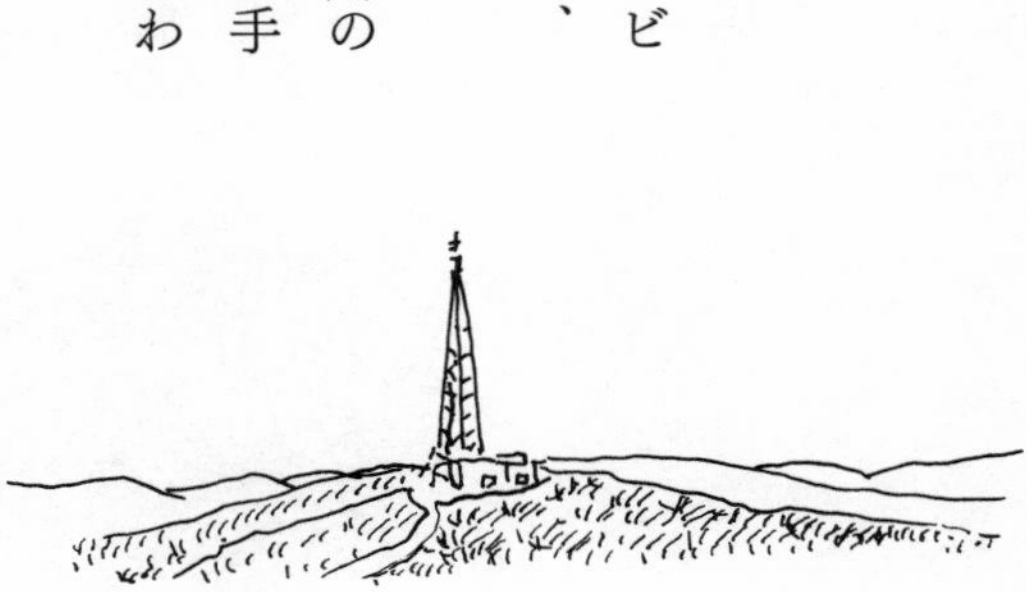

はまだ北風が吹く二月の終わりで、冬山用の防寒具を身にまとっていても、寒さで震えていた。

早朝、日がのぼると体が暖まり太陽のありがたさにしみじみと感謝するのであった。この時に学んだ事は、働く技師たちの使命感と作業をはじめる時の段取りの良さであった。さらに精密機械の扱い方、ネジ一本の締め方にも専門的な知識が必要なのだと知った。

山から下山して地元の民宿で遅い朝食を口にした後はまた図面に向かい、何度も大阪のテレビ局に長電話の打ち合わせをして、そして午後は大きなちゃぶ台に精密機械を乗せて四人はしきりに顔を突き合わせている。

異なる二つの会社の技師でありながら、意見が割れたり言い争いはなく、力を合わせて働いている姿に私は深く感じるものがあった。働くことはこういう事の連続なのだと学んだ。

本来なら一週間の予定で終わるはずだったが、天候の影響もあり十日間に伸びて無事工程は終了した。

まったく酒を飲まない人たちだと思っていたら、最後の日はビールや日本酒が何本も並び宴会になった。技師の親方が「寒いのに、よく我慢して働いてくれた」と私のコップにビールを注いでくれた。「深夜に部品を取りに何回も往復してもらったな」「登りでたった一時間半ですから」と私は手を振った。技師の親方は白髪頭にタオルでねじり鉢巻をし、酒で顔を赤くして「辛抱強く働いてくれて助かった。ボーナスは奮発するからな」とご機嫌良く笑っていた。

深夜はケーブルカーも道路も閉鎖になるために、徒歩でしか頂上にあるテレビ塔に行けない。魔法瓶にコーヒーをいれたり、精密機械を傷つけないようにと、背負子に乗せて大阪平野が一望に広がる

夜景を時々振り返りながら一人で何度か登った。

その後私の働き方が気に入ったのか、白髪の親方技師は山の頂上に電波塔の工事があると、声をかけてくれるようになった。

私にとっては学業よりも山の上の仕事の方が大切に思えたので、新潟の弥彦山、京都、鹿児島のＦＭ放送開始の仕事が入ると、登山靴を履き大きなザックに寝袋を入れて出かけていた。

頂上では仕事中は沈黙を守り、電波用の測定器械とにらめっこであった。里の民宿に下っても工事が終わる最後の日にしか酒を飲まなかった。真面目というのか、仕事一筋の熟練した電波技師であった。勿論妻も子もある家庭人でありながら旅カラスのように全国を転々とし、給料日にあわせるように家に戻っていたようだ。

ある時に「旅から旅のような生活は淋しくないですか」と聞くと、いくらか憮然として「遠くの海外に行く船員よりは、電話も通じる

し、ましだ」と言った。

さらに「大学を出たら、うちの会社に来いよ」と何度かいわれたことがある。親方は大手のプラント、工場などの設備を引き受けている会社の下請会社の副社長をしていた。都内の大塚に会社があり、十名程の机が並ぶ小さな事務所を何度かたずねた事があった。親方の人柄か、働いている人がみな明るく誠実な印象を受けた。

山登りは思考する場でもある。歩きながら、いつも自分のこれから進むべき方向、将来の仕事について悩みあぐんでいた。自分がいったい何をしてどんな仕事で食べていきたいのかわからなかった。このままではまずいと芒洋とした不安が常にあった。

山で休息する時、いつの間にかノートに山の風景の絵や、詩のような散文を書くのが好きになったが、到底人に見せられるものではなかった。といって出版社を受ける基本的な学力は無かった。

山小屋かスキー場が自分にはぴったりすると考えてもいた。本当なら親方の会社に入り、全国を歩き廻り仕事をしていけばいいのだが、図面を見る力も弱く、まして理学や電気関係の知識はまったく頭に入らず、親方のように工学部出の技術の仕事に疎く、仮に親方の会社に入っても長続きはしない予感がした。

親方からのアルバイトがあると気合が入り、大型ザックを肩に山の電波塔に向かうのだが、下山して大塚の事務所で破格ともいうべき報酬を受けとると、仲間と酒を飲んだり、派手な服に手を通したり高価なギターを買ったりと無駄な浪費ばかりしていた。

自分の金銭感覚がおかしいと思うところは、欲しいものがあると、それを手にするまで子どものように騒ぎまわることだ。自分にとっては身分不相応のものだと知りつつ、高価な万年筆や時計、カメラ

といった物欲にとりつかれ、所有するまで寝ても覚めてもしぶとく思いつめる。そのクセ手にするとそっけなく興味が失せてしまう。

ある夜、親方のところにこれからの仕事について相談に行くと、居酒屋に連れていかれ、散々叱られてしまった。二十歳を超えたら悩んでいる暇などないとお説教をされ、

「また一緒に旅に行こうぜ」と笑顔で言われた。

「旅って、親方は仕事でしょう」

「そうだが、オレにとっては旅のようなものかも知れんな」

「……旅ですか」私にとって旅はあくまで遊びであって欲しい。

私が旅をいくら経験しても、新たな道を進むことができるとは到底思えなかった。

コラム1 私が愛した旅の名作

繰り返し読んでいる本は案外少ない。『北京』竹内実、『どくろ杯』『ねむれ巴里』金子光晴、『放浪記』林芙美子、『アジアン・ジャパニーズ』小林紀晴、『街道をゆく』司馬遼太郎、『地球の歩き方』ダイヤモンド社。

本棚の一角に『地球の歩き方』が重なるように並んでいる。古本屋で古い本を見つけると必ず買う事にしている。二色の色褪せたページを開くと、バックパック時代を彷彿させてくれる。

特に三、四十年前のページを開くと、逆にネットのない時代が新鮮に思えてならない。

その土地の情報を必死で手探りで探している、編集者の姿が見えてくるようだ。また読者の投稿のコラムも興味が湧く。

旅先でのトラブルは何十年にわたって、引っ手繰り、置き引き、パスポートは服の裏側に隠して持とうと繰り返している。

一昔前はスマホの広告や記事はなかったが年々増えている。旅は世に連れて変化していくものだ。古い『地球の歩き方』は逆に貴重な資料になってきた。

第2章

海を越えて

北欧に憧れる

二〇代の頃はただひたすら北欧に憧れていた。北欧のすっきりした家具や秩序ある美しい町並み。そんな写真集を眺めるたびに、その町に行ってみたかった。北欧のことならなんでも知りたくてシベリウスの交響曲ばかり聞いていた。

北欧の入口デンマークのコペンハーゲンを訪ねたのは、一九七三年前後くらいだろうか、正月休みを挟んだ十日間ほどの冬の寒い時であった。

それまで、海外旅行といえばフランクフルトのブックフェアへの

団体旅行と、サイパン島だけであった。ツアーの旅行はただいわれるままにガイドに付いてバスに乗り、ホテルに泊まりと、すべて予定が立てられているので心配することはまるでなかった。

海外の一人旅はこの時が初めてであった。ガイドブックや地図、少しでも役に立てられればとデンマーク語の本を手にし、健気にも簡単な会話をノートに書き写したりしていた。

まずコペンハーゲンの空港に着いて、手荷物受け取りカウンターで間違いをおかしてしまった。その日は早朝に同じ便が多かったのか、自分のトランクがどこのカウンターに流れてくるのか見つけられず、チケットを手に迷う始末であった。

もしかしたら急遽受け取りカウンターが変更になり、そのアナウンスもあったのかも知れない。デンマーク語も英語もまったく耳に入らないので、ただ日本からの機内預け荷物カウンターの近くで待

つしかなかった。

一時間もするとカウンターの前からすっかり人影は消え、シーンとあたりは静まり返り、係員の姿も見えない。

「荷物のトラブルに巻き込まれたのか」

泣きたい気分でまた、二時間近くもあたりをうろつくとなんと、一番奥の方にポツンと黒いトランクが見えた。

「あっ」と思わず駆け寄り大声を上げ、トランクを抱き締めてしまった。

こんな予定外の時間に税関のカウンターを通るのは私一人であった。係員は長い間パスポートを見ては、首を振るようにしていた。やっと無事にタクシーに乗りホテルへ向かった。

コペンハーゲンに来た深い理由は特別なかった。

北欧のモダンデザインの家具を現地で見たかった、それだけだ。

町の中心に歩行者専用の広い道路があり、両側にたくさんの店が並ぶストロイエ周辺をまずは歩く。ストロイエとはデンマーク語で〝歩く〟こと。

雑貨店のハイ・ハウスの店に入り、小物、文房具やノートとデザインセンスが良く手頃な価格に引き寄せられる。日本で見られる店内とは違い、空間の取り方がゆったりとしている。なんでもかんでも店頭に並べるのではなく、店主の売りたいものだけを選んでいる。古い民芸風の木のテーブルやイスの上に広げたキッチン道具がひときわ魅力的に見える。

ヨーロッパ最古の天体観測所、ラウンドタワーの近くに、大型書店アーノルド・ブスクがある。一階は小説、雑誌、地図、二階は美術書、建築、デザイン関連の本があり、地下には児童書、文房具と

幅広い書籍が展示されている。トイレとカフェもあるので長時間居ても苦にならない。

デンマークの画家といえばイブ・スパング・オルセンの名があがる。絵本もたくさん制作しており、日本でも『つきのぼうや』が有名である。縦長の本で、月から地球に下りて、また空に戻っていく宇宙の物語だ。青い空に黄色い月と二色だけの色合いが美しい。石版画の手法を使い印刷されており、色に濁りがなく、極めて自然な色合いの発色である。

それまで見てきた日本の書店風景と異なるのは、棚と通路との幅空間の広さである。

そして座っても良いイスがあり、大きなテーブルの上には、その時もっとも手に取って欲しい本が平積みされている。まるでスポットライトが当たったように、そこだけ浮いて見える。

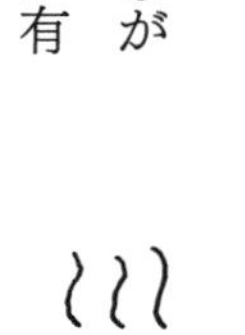

オルセンの絵本のコーナーもその時設置されていて、なんと壁に原画の絵も飾られてあった。

毎日のように絵本コーナーで時間を取り、なにやらメモしている姿に気が付いたのか、ある日係の人が私を奥の部屋に案内してくれ、次に飾るオルセンの原画を見せてくれた。やはり版画を制作するように色版を分けて描いていた。

たとえ言葉が通じなくても、毎日来て毎日どっさり本を買っていけば、店員も「これどうですか」と次々と本を勧めるものだ。

オルセンの豪華本というのか、フランス綴じの手作りっぽい製本があった。北欧の民話に、スミ一色のやはり版画風な絵が付いていた。見本の本は最初の数枚はめくれるが、後はペーパーナイフで切らないと見ることができない。定価が二万円近くして簡単には手が

出せない。

毎日のように来店しては、オルセンの本のところで思案にくれている。

建築、家具、古い絵本とすでにトランクの中は本でいっぱいで、手で持てる重さは超えている。すでに船便でダンボール二箱も発送していて、持ち金も次第に底を突いてきた。

さらに、週末に教会の前でのみの市が開催され、古い銀のスプーンや絵ハガキの束と無駄遣いをしてしまい、貧困の怖さが迫ってくるのであった。

通りに面したホテルの小さな窓からは、路地裏の骨董通りの明かりが見える。夜でも小さな青い光が窓辺に見える。盗難防止の鉄の格子が入っているが、夜になっても次に来る客のためにそっと店が推薦する品物を展示している。毎日覗き込んでいたが、たしかに一

番目に付くところは品物が変わっていた。腕時計から万年筆、古い双眼鏡とこちらの気持ちを見透かすかのごとく並んでいる。

あくる日、店内のカフェにてボンヤリしていると、いつものメガネをかけた中年の店員が近づいてきて、オルセンの絵ハガキを記念にと一枚くれた。子どもが雪の中で遊んでいる。

その絵を見た時、観念してあの贅沢なさし絵がたっぷり入った本を買った。

コペンハーゲンの統制のとれた美しい町並みを見ていると、つくづく日本の欲望がそのままむき出たような町にがっかりさせられる。特に駅前の雑多なビルの開発と、とにかく目立つことが一番重要といわんばかりの、看板の乱立。日本から遠く離れた旅の空の下で、そんな風景を思い起こしていた。

帰りの空港ではやはり荷物が重く、追加料金をきびしくいわれた。重い写真集や厚いオルセンの本をひっぱり出し手荷物バッグに入れ直すと、係員はしぶい顔をしていたが無事に通過することができた。

空港内のレストランに入り、ジャガイモの蒸留酒スナップを紙コップで飲んでいると、場違いのようにカントリー音楽が流れてきた。

学生時代からアメリカのカントリー音楽の曲をエレキギターで奏でていた。歌うのではなくバックで演奏するのに夢中になっていた。会社勤めになってもバンド仲間と駅前の貸しスタジオで音合わせをしていた。カントリーは英語を理解していなかったので歌の意味がまるで分かっていなかった。それはビートルズにしても同じであった。日本語で歌う人が現れ、曲の内容をやっと理解したときにはバ

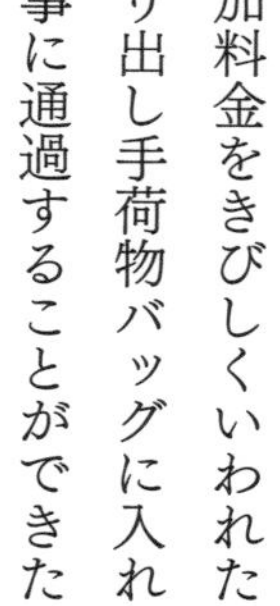

ンドは解散に向かっていた。

空港で聞こえてきたカントリー音楽のせいで、なぜか駅前の汚いライブハウスのことを思い出し、不意を突かれた。

憧憬のアンナプルナ

十五年勤めた児童出版社を退社して、フリーの身になって一番嬉しかったのは、自分の好きなように時間が使える事であった。そうしてそれまで行けなかったヒマラヤにはじめて入ったのは三十三年前の一九八七年の冬のことであった。

四十歳前で会社を辞めたのだが、自分では丁度いい辞めどきの年齢だと思っていた。そのまま勤めていたら精神的にも行き詰まり、さらに増して会社に迷惑をかけていただろう。

その頃に山岳雑誌にヒマラヤトレッキングの募集の広告がいくつ

か載っており、どれにしようか迷っていた。そんな時に何度か山を一緒に登った登山家が冬期アンナプルナ登頂をめざして、計画していることを知り、偶然に参加することになった。

タイのバンコク経由でネパールのカトマンズに入った。夕暮れすぎに空港に到着したのだが、あたりは暗く薄暗い電気の明かりの空港に驚いた。そしてこれがアジアの匂いかとたじろぐものがあった。それは動きまわる人々の体臭からたちこめるニンニク臭さであった。市内に入ると、匂いは腐った野菜や淀んだドブの腐臭とまじり合って漂ってくる。

最初の一週間はカトマンズ市内にて、一ヶ月近い登山に必要な食料調達から始まる。同行するシェルパのリーダーは何回も日本の登山隊と高峰をめざしていたので日本人の嗜好を知り尽くしている。

カトマンズからポカラまではおんぼろのバスに一日揺られ到着と

なり、バスの屋根の上には麻の袋に入った食料がびっしりと乗っている。バスが休憩に入るたびに、シェルパ頭《がしら》の男はバスの屋根の上の袋を注意深く見つめ、ヒモがゆるんでいないか、何度も手で触っていた。

こういう荷を上げる時や下ろすときは、どこからかわらわらと人が現れ、手伝い、いくらかの報酬をもらっている。私たちが手を出そうとすると、シェルパの人は「旦那たちはそこのイスに座っていて」と指差される。バスの停留場には荷物運びやリヤカーを手に大勢の人が待機している。

ポカラからキャラバンが始まったが、荷物担ぎのポーターの数が半端ではない。たった四人の登山隊でありながら、五〇名近いポーターが荷を担ぎ街道をゾロゾロと出発する。

一日の行程は毎朝五時には起床して夜は九時にはテントの中の寝

袋で爆睡となる。ポーターたちの食事は登山隊とちがって質素なものだ。自分たち用に腰に米やジャガイモが入った袋をくくりつけ、徹底的に簡素にしている。

おかずはトウガラシ、ニンニク、岩塩を岩ですり潰したものを、ご飯や蒸したジャガイモの上にかけ食べている。

これこそ最もシンプルな健康食である。保存がきき携帯にも便利である。ネパールの岩塩はただ塩辛いばかりではなく、ほんのりと甘いところも魅力的で食欲をそそる。

私はそのトウガラシを分けてもらい、試食をしてすぐさま虜になった。ほんの少しご飯やパン、トウモロコシの上に載せると癖になる。

ネパールのコメはタイ米と同じようにパサパサである。それに野菜のスープをかけてシェルパは主食にしている。したがってトウガ

ラシは絶対に必要食である。

ポカラを出発して二日目の尾根道をキャラバンしていくと、雪をかぶったヒマラヤ高峰が迫ってくる。夕日に赤く染まった峰々を見ていると胸が熱くなる。

我々のテントの設営が終わるとポーターたちは、近くの岩を拾いトウガラシとニンニク、岩塩をゴリゴリさせはじめる。トウガラシ一本にニンニク一個と小粒の岩塩とその日の食事に合わせてバランスをとってゴリゴリさせている。

無駄がなくゴミも出ない。もちろん野菜スープにさらに豪勢なニワトリ料理となるとゴリゴリの音は激しくなってくる。

一週間ほど尾根道を歩き、いよいよアンナプルナのベースキャンプに向かう山道に入って行く。ここで村を取り仕切る親方が出てきて、

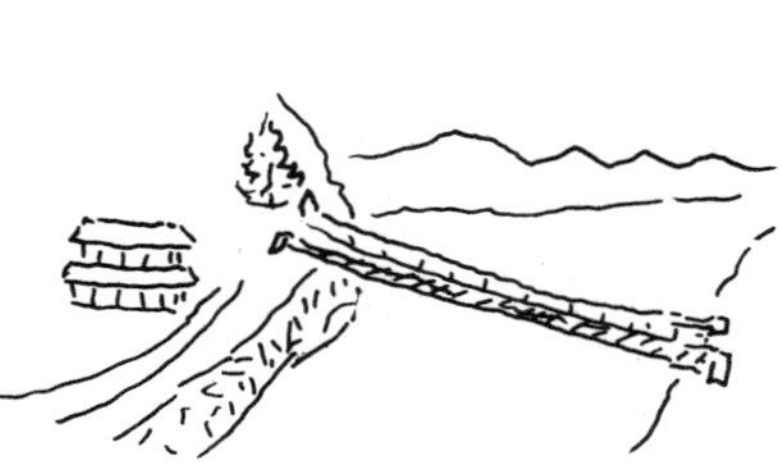

「アンナプルナへの山道は我々が仕切る」と宣言し、荷を担ぐポーターはその村の者と交替となる。ここで三日間ほど荷上げの金銭交渉が始まり、休暇を取る。

貧弱な服をまとった村の若者がゾロゾロと集まりだし、村をしきる親方の声も一段と山にこだまするように大きくなる。食器を専門に担いだ連中が先頭に動き出す。

それまでのゆるやかな街道筋の尾根とちがって、目がくらむような崖の道や、いよいよ雪面の上を歩かなくてはならない。

峰を谷を越え五日間ほどしてやっとアンナプルナのベースキャンプ（四二〇〇m）に到着した。ここで今まで荷を運んだポーターたちと別れる。彼らは重い荷から解放され、荷上げの賃金を貰い、喜びいさんでまさに岩の上を飛ぶかのように下山して行く。

シェルパ三名に頂上をめざす二名。さらにマネージャー一名に厄

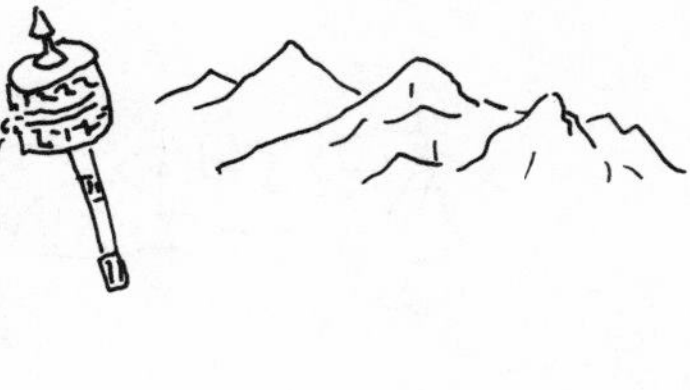

介者の私と合計七名がこれからの登山計画を練りあげ推進していく。
二週間ぶりに服を取り替えると、あのカトマンズに着いた時のアジアの匂いがあたりに広がった。テントの張り綱に服を干し新鮮な風をあて生き返らせる。

私はイス代わりにした岩の上に腰を下ろし、自分用のトウガラシゴリゴリを作ることにした。トウガラシをこまかくしていると、気持ちが落ち着くのである。眩しく光るアンナプルナの頂上を見上げ無心にゴリゴリとさせていると、山と体が一体となったような時間が流れていく。

建築を触りに行く

建築はその土地にしがみつき、一生動こうとはしない。絵画や音楽、スポーツや芝居、料理のように待っていればいつかやって来るものとは異なる。

ならばこちら側からその土地に行かなければ永遠に見ることができない。したがって建築家ほど旅をしている人種はいない。また、建築に興味を持った人間もたえず新しいニュースを仕入れ、ソワソワといつも旅の準備をしている。

二十数年前にパリのポンピドゥー・センター（一九七七年開館）を見

た時の衝撃は忘れることができない。パリの古く歴史あるくすんだ茶色の建物の間に美術館はあった。石油コンビナートかまだ作業が終わっていない建築現場のように、足場やパイプ類の構造物がまわりに残された建物があった。荒々しく、まるで舞台裏を見るようで、しばらく呆然と見とれ「これが美術館」と思わず口から言葉が漏れた。エスカレーターや設備関係のパイプやダクトが赤や青、緑の原色に塗られ、派手な芝居小屋の催しのようだ。

一番上の階に登り「まわりに住む市民もきっとこの建物に大反対しただろう」と思いつつ、新しい建築物は常に物議を醸し出すものだと認識した。

建築についての知識はそれまでまるで無かった。建築家の名前も知らなかった。しかしこのパリ旅行で現代建築の力をまざまざと見

せつけられ、建築の虜になった。

あれから二十数年、現代建築、現代美術の殿堂として「ポンピドゥー・センター」は揺るぎない地位を確立し、パリ市民にとっても誇りになった。

「エッフェル塔」「ルーヴル美術館」を合わせたよりもさらに多い、年間一千万人もの入場者数からみてもその人気ぶりがわかる。

私にとってパリの美術館や博物館は正直に白状すると打ちのめされる思いがある。画集や写真集で見たピカソやマチスの絵は覗き込むが、あとは素通りで冷淡に通過してしまう。膨大に展示されている絵を見ていると、人間の欲が痛ましく、オレは有名になりたいという叫び声が聞こえてくるようで、絵の前にいると体調がしだいに悪くなってくる。

美術館を早めに出て、体を左右に振り、とりつかれた霊を払うようにして深呼吸をした時、はじめて体が生きかえったかのごとく、すがすがしさを感じる。

したがってパリに行っても、余程見たい画家が飾られている時以外は美術館には近づかないことにしている。むしろ行ってもミュージアムグッズの店かカフェで、絵を熱心に観察する友人たちの帰りを待っている方が多い。まわりは「絵を描く人なのになんで絵を見ないの？」と不思議そうに言う。よくわからないクラシックの音楽に疲れて嫌になるのに似ているのだが、うまく言えない。

「絵を描くのは大好きだけど、見るのは嫌い」が本音である。

「ポンピドゥー・センター」を見てから建築、殊に現代建築の力を目の当たりにしてそれから三日間、市内の本屋で手に入れた建築

マップを頼りに地下鉄、タクシー、徒歩とパリ市内を靴底がすり減るくらい歩きまわった。建築は外から見ている分には無料であり、まわりの庭には休めるところがどこにでもあった。

長いこと放置されていた駅舎をリニューアルした「オルセー美術館」。巨大なすりガラスのピラミッドをナポレオンの庭に建て、あまりにも先端的な「ルーブル美術館」。太陽光の強さに反応して自動的に開閉するダイヤフラムを全面の窓に設置したセーヌ川の側の「アラブ世界の研究所」。同じくジャン・ヌーヴェルの世界一透明といわれる「カルティエ現代美術財団」。

このカルティエ財団の前に立つと、道路側に巨大なガラスのカーテンウォールが一枚、建築物を包むかのごとく覆っているのが見える。硬質なガラス面は建物より幅も高さも大きい。

全面ガラス張りの建物の前に、なぜもう一枚新たにガラスの壁を置くのか、理由が分からなかった。前面のガラスに白い雲が映り、本体のビルのガラスにも雲が、青い空が浮かんでいる。なんとも不思議な感覚を受ける。

エレベーターに乗ると、総ガラス張りでしかも機械類の装置がいっさい見えない。このハイテク仕様の限りなく透明に近い建築に身を置いた時、足元がふわふわして頼りない。人類が次の建築の時代に一歩踏み込んだことを実感する。

地下鉄を乗り換え、時にはパリっ子に地図を見せながら「ここに行きたい」と覚えたてのフランス語を口にして「こっちこっち」と犬を連れた夫人や子どもに案内される。

こういう旅ははじめてであった。この時私は外国を旅する楽しさがはじめて分かった気分がした。言葉が不自由な分、人や町との触

れ合いが濃い。

名のあるホテルや三つ星のレストランに入る。そういうセレブ気分を味わうのも一、二度は虚栄心を満足させられるかも知れないが、旅の思い出には残らない。必死になって地図を見つめ、現在どこにいるのかも不明瞭になり、迷子状態で目的の場所を探し求めた時の喜びを味わうと、「これぞ旅の醍醐味」とわけもなく熱狂する。

美術館や博物館は人が暮らす住宅とは根本的に建築形体が違う。二十世紀を代表する建築家、巨匠ル・コルビュジェは「住宅は住むための機械」という言葉を残した。船が水に浮かび、飛行機が空を飛び、自動車が道を走るように、住宅は人が住む快適な空間でなければならないと力説する。ではその機械の家に行ってみたい。

パリに建つ「ラ・ロッシュ邸」は銀行家の住宅としてコルビュ

ジェによって建てられた。現在はル・コルビュジェ財団の事務所になっている。

ここも地下鉄駅から迷子になりながら閉館間際に入場したが、係りの者は思う存分見学してくれと応対が寛容であった。

手入れが行き届いた室内は七十年ほど経つが、時の流れをまったく感じさせることなく、新鮮で「こんな家に住みたいな」と思わせる生命力に満ち溢れていた。

吹き抜けのホールから階段を登って行くと、バランスの良い横長の窓がある意思を持って訴えてくる。設計した人の思いを強く感じる窓である。

コルビュジェは近代建築の五つの要点を自ら定式化している。一、支住（ピロティ）。二、屋上庭園。三、自由な平面構成。四、横長窓。五、奔放な立体面（ファサード）。

それまでのパリの閉鎖的な石造りの建物の概念を大きくくつがえす。

住宅の中にある音楽的な流れや、絵画のような空間が、そこを訪れた者に感じる気の力、流れといったところだろう。

帰り道にコルビュジェの資料の入った袋を手に地下鉄駅に向かったが、またしても迷子になってしまった。すっかり暗くなった道を歩きながら、お腹が空いてしかたがなかった。しかしあたりは住宅街で、タクシーが走るどころか人影もなかった。それでも気分は高揚していた。

丸焦げのズボンビル

旅の基本は物見遊山である。無事に帰ってきて「ああ楽しかった。おいしかった。面白かった」が一番である。

二〇年前にはじめて中国を旅した。ツアーに参加して北京、西安、上海と廻り「中国はどこもかしこも人が多い」が感想であった。行く先々の町や道路や店先が雑然として、埃っぽい印象を受けた。ここは何度も行く土地ではないと胸の中にしまいこんだ。

二〇〇八年の北京オリンピックの前後に取材に行った知人は、あ

ちらこちらが中途半端に工事中で、歩いていても段差が多く落ち着かない街だったと語る。

ただし奇抜な形をした建物が現代建築の見本市のように建っており、それを見に行くには良い機会だと背中を押された。

建築に興味を持ち出すと、「とにかく現場が大事」と一人建築探偵団となり、パリを皮切りにロンドン、スペインのバルセロナ、ビルバオ、そしてニューヨーク、ロスアンゼルスを歩いた。建築は人に危害をあたえなければ、どんな形態の建築を建てても成り立つのだと認識した。

現代建築は誰がなぜ、こんな奇妙な形の不条理な建築を設計したと首を傾げるものほど持てはやされている。その都市のシンボルになるような建築は、人を唖然とさせるものばかりだ。

軽金属、硬質ガラス、コンクリート、さらにコンピュータの発達によって、まるで飴細工をそのままねじったような高層ビルが可能になった。現代に生きる建築家は非現実的なデザインに、より派手で目立つ建築を造る欲望をさらにふくらましていく。

一九四四年オランダ生まれの建築家レム・コールハースは過激な発言ばかりを繰り返し、国外のコンペ作品にいつも残っていたが、実際に建築が実現することはなかった。彼の著作『錯乱のニューヨーク』は建築界にとっては画期的な本となったが、難解な言語表現で私など到底最後まで理解できなかった。「本質的に建築はナンセンスで、独断的で見せかけであり、それを誇るべきである」などという常識から離れた論文なのである。

やがてコールハースの建物は人々にしだいに受け入れられ、個人の別荘から大規模な都市空間にまで、奇妙とも思える形態の建築が

建つようになってきた。

北京の中国中央電視台本部ビル（CCTV）（二〇〇九年）が発表された時、多くの人はその斜めに傾き巨大な彫刻のモニュメントの建築に唖然とした。「ズボンビル」「巨大なパンツ」とすぐさまあだ名が付けられた。それまでの北京の高層ビルはどっしりとした四角いガラス張りのビルと相場が決まっていたのに、このズボンビルは二つの傾いたビルが屋上で重なりあっている。

建築界では「こんな形のビルは現実には不可能では」と疑問の声もあがっていた。全面ガラス張りの五十一階で高さ二三四mである。

私は友人二人と中央電視台本部ビルの完成を楽しみに北京に乗り込んだ。格安航空チケットに三泊四日の格安ホテルセットで五万八千円のシロモノであった。やはり格安は人の心も格安にさせる。地下鉄の駅からホテルは遠く、毎回迷子か歩き疲れ、疲労困憊の北京

であった。

目的のビルは地下鉄の「金台夕照《ジンタイ・シイジャオ》」となんともロマンチックな駅だ。おそらく夕日の美しい高台の場所だろう。

だが地下鉄の出口を出るとなんとも異様な真っ黒に焼けたビルが建っていてこれが噂のビルかと息を飲む。あたりには火事現場の後のごとく、赤いテープがいたるところに張られ、物々しい警備の警察官がビルの出入り口を警戒していた。「あのビルが火事で焼けたのか」我々二人は同時に声を上げた。

辺りはカメラを手にした現物人がたくさん固まり、中国語で大声をあげ、さかんにビルを指さし興奮している。電視台のビルより隣の四十階建ての営業前のホテルの燃え方の方がひどく、鉄骨がむき出し状態である。

となりの親父に絵入りの中国語会話集を見せ「なぜ火事になった

のか?」と聞くと、「春节春节《チュンジェチュンジェ》」とさかんに連発する。私たちが日本人とわかると、わらわらと囲まれ、地面に小さな棒で「ズボンビル」を描き、春节の祝日に用いる爆竹がビルに打ち上げられ、それで火災がおきた事を図解入りで教えてくれた。

人の固まりができると、やはり警察官が現れ、我々に早くこの場から立ち去れと手で合図をした。ビルの上の張り出したブリッジには火が届くことはなかったので放送局は営業できるが、隣接したホテルは丸焦げになり再開は無理のようだ。

私はカメラであっちから、こっちからと撮っていると不審そうに警察官二人が、まだいたのかといった顔をして来た。これ以上事を荒立てるとややこしいことになるので地下鉄の駅に向かった。

宿泊したホテルは天壇公園の近くで、馴れた人には分かりやすいはずなのに、なぜか我々は毎日地下鉄の出口を出ると迷子になっていた。

北京の道路は六車線もある幅広で、出口をうっかりまちがえると方向感覚が日本と違い狂ってしまう。

その後巨大ズボンビルは再手直しに時間がかかり、二〇一二年に完成したが、ビルに向けて大量の爆竹を投げた連中は当然処罰された。

コールハウスは、この火災についてのことには一切発言を控え、さらに世界のダサい建築物のトップ一〇にこのズボンビルが入ってしまった。原因は焼けた事も要素に入っている気がする。

来る前まで建築雑誌でこの奇抜な建物の特集を見てきて感心していたが、やはり燃えてしまったビルでは魅力は色褪せてしまってい

た。

黒々と焼けたビルはゴジラがのたうち廻り、口から火を吹く断末魔のような哀れさがにじみ出ていた。

だが北京は起爆するかのごとく再開発。不条理ともいうべき新しいビルが次々と建てられていく。しばらく北京通いが続きそうな悪い予感がする。

人はこうした不意打を食らった土地に引き寄せられていくものだ。

ハイラルで餃子を頬張る

　この十年間なにが悲しいのか、中国大陸に年に三、四回のペースで慌ただしく出かけてきた。どの町でも、ひたすら餃子を食べてきた。

　少年の頃から中国料理といえば餃子しか無いと頑固に思い込み、家でも外でも餃子が出てくると幸せな気分に包まれていた。神田神保町でニンニクたっぷりの餃子を試食した後は体中が燃えさかり、熱に浮かされたかのごとく、歩きながら意味もなく空に向かって吠えまくっていた。

だが本場の中国に行って餃子を食べると、戸惑うばかりであった。まず日本でいう焼き餃子が登場せず、茹であがった水餃子が主であった。「餃子は皮が主食で餡がおかず」といわれ、日本式餃子しか知らない自分は思考がそのまま停止した。日本風の焼き餃子もあることはあるが、「ゴーティエ（鍋貼）」といって餃子とは別物になる。北京の夜の屋台でこのゴーティエをつまんでいる人を時たま見かける。餡の味が皮にしみ込むように濃いめの味付けをされていて、一口目は香ばしい味に感情が高ぶる。だが油で揚げるために、お腹いっぱいは食べられない。胸焼けがするスナック的な餃子である。それでも焼きあがりの匂いにつられて客は群がって来る。

どの店に入っても、日本のラーメン屋のような「餃子定食」というものはメニューにない。北京で知り合った作家に言わせると、御

飯でヤキソバを食べている感覚になってしまうらしい。

北京に一人で何度か来るようになって、ある秋の夕暮れの時に歩き疲れ、小腹も空いたので、下町の餃子の名店に入ったことがあった。ニラとブタ肉の餃子に、ふと白い御飯が食べたくなり注文した。

カウンターに座り、外の景色をぼんやり眺め、自分で作った中国語会話集をパラパラとめくっていると、狭いテーブルに餃子と御飯茶碗が置かれ、「おじさん日本人でしょう」といきなり若いウエイトレスに仁王立ちされた。

「餃子に御飯を注文するのは、マスターから聞いたけど日本人だけ」と苦笑された。御飯の量は多かったが、ここで御飯を残すことは日本人の恥でもある。まわりの冷たい視線を感じながら必死に名物餃子と御飯をたいらげたが、店を出るなり、大きく溜め息をついた。その時の餃子の味を回想することはなかった。

小皿にニンニクのかたまりが盛られ、素足にサンダル履きの足を投げ出した女性が、皮を剥いてかじっている姿を思い出すと、つくづく中国女性の逞しさに戦く。

餃子の中にニンニクを入れないのは、鍋に入れたすべての餃子の味が同じ味になってしまうからだと聞かされ「なるほど」と納得した。

中国の餃子は旬の野菜を大事にしているので、セロリ、インゲン、ズッキーニ、レンコン、シャンツァイ、ナスといった野菜餃子を口にすると、「本場の底力」に唸る。

上海より北に登って行くと、水田耕作に適さないので、米ではなく小麦を中心とした粉食が増えてくる。また冬の寒さが、日本では想像できないほど厳しく、その上乾燥をしている。そのため、体を温める香味野菜のネギ、ニンニク、ニラなどを使用し、中国料理の

点心の一つ、餃子がやがて歴史の中で定着してきた。

日本で餃子が日常的に食べられるようになったのは戦後のことである。陸軍が中国東北地方を占領し、満州国として成立させ、第二次世界大戦敗北とともに消滅した後に、一説によると宇都宮にもどった軍隊が、白菜とニンニクとブタ肉をまぜた餃子を作り、それを販売したりした。御飯のおかずにと焼き餃子が、それは瞬く間に全国へと広がりを見せた。

去年の夏に三度目の内モンゴル・ハイラルに行って来た。夏のハイラルは草原とロシア国境沿いの満州里への旅と、七、八月に涼しさを求めて中国人観光客が殺到する。人口は年々驚異的に増えて、現在は三十数万人を超す地方都市になってきた。

遊牧地域で皮革、羊毛、毛織り物が昔から交易された商業地区で、

日本が満州国を成立させた一九三〇年代はハイラルに日本人が軍人も入れて三万人近くおり、ハイラルが北の重大な駐屯地になっていた。

日本軍が造った地下の巨大な要塞はハイラル市内から近いために、現在は観光地として中国人の観光客が群がっている。ノモンハン事件を起こした日本軍はここから進軍し、一人残らず全滅した胸痛む地でもある。

十年ほど前まではハイラルは辺境の地といわれていた。中国経済が加速度を増すと共に物流拠点となった。

旅はどんな地でもそこに会いたい人がいれば、その場所はやすらぎの大地ともなりえる。

三年ぶりに会う彼はヒゲが伸び、少しふっくらした体つきになっ

ていたが、朴訥でおだやかな笑顔はなにも変わっていなかった。むしろ四十七歳にしては若い感じの中国人である。こちらは七十歳を超えた老人で、体力、気力が衰えていく。こうして一人で北京で列車を乗り換え、ハイラルまで乗ることはもしかしたら最後になるのではないかと、旅もしだいに尻込みしてくる。

彼の大好物のゴマの入った和菓子のほかに、木の置物が欲しいというので、東北の木彫りの人形を持って行った。

「なにが食べたい？」とホテルのロビーでいわれたが、着いた夜は慣れない北京での乗り換えもあり、いくらか緊張していたので食欲はなかった。

なんとなく餃子でもということになり、新しくできた小振りの餃子専門店に入って行った。そこで口にした餃子の味に感激した。

「喜家徳《シィージャアダー》」は皮を作る人、餡を包む人、茹でる人とすべてガラス

を通して働いている人の姿が見える。店の中が清潔でこざっぱりしている所も新鮮で、新しい中国スタイルの店作りをめざしているようだ。

餃子の種類は多くなく、五種類にしぼられ、一皿に十二個の水餃子が乗ってくる。注文したのは、タマゴにニラ、クレソンにブタの二皿。料金はどれも一皿四百円前後で安い。つまみとしてヘチマと豆腐、松の実が入ったジャガイモの細切り炒めを注文する。

そば屋のそば湯ではないが、最初に餃子を茹でた湯の薄いスープが出てきた。その味に「ここはいい店かも」と思わせるものがあった。

手作りなのでいくらか時間がかかったが、その餃子におどろいた。透き通るような薄く白い皮に箸を伸ばし、黒酢醤油のタレをつけて一口、餡の絶妙なバランスにうなずく。彼は「どう」といってきた

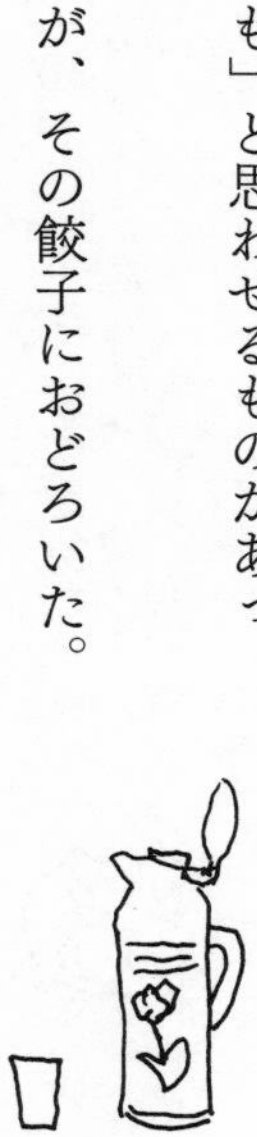

が、返事は元気よく「好吃《ハオチー》」であった。具と一緒に包まれた野菜の味に「これぞ東北本場の味」と絶賛。注文を受けてから具を包むので野菜も豚肉も鮮度抜群で口の中で一つ一つがはじけている感覚である。

こういう店で酒を飲んでいる人はめったにいない。さらにビールも夏とはいえ冷えていないことも多い。中国人は体を冷やすことを極端に嫌う。

でも旅の疲れが体に重くのしかかり、思わずハイラルビールを注文するとやはり店員は「缶しかなく冷えていないよ」と言う。うなずき注文をした。彼は山査子《さんざし》のジュースを飲んでいる。「いくらするの」と指さすと日本円で百円であった。生ぬるいビールを飲み、「これまで食べた餃子でここが一番おいしかった」と店員に言うとうれしそうにパンフレットを持ってきた。表紙を見ると「おいしく

て、きれいなので、だから五百店突破めざす」と大袈裟に書いてあった。

手元にあったスマホで中国版の店のサイトを見ると三八〇軒はすでに動いており、餃子界の革命児と書かれてあった。

たしかにこれまで食べた餃子の中では一番すっきり納得の味であった。

肉まんぐらいの大きな餃子やワンタンのように薄い生地の餃子も口にしてきたが、今回のハイラルで食べた餃子に軍配があがりそうだ。チェーン店というところが気になるが、客に喜ばれおいしいからこそ中国全土に広がってきたのだ。

帰り際に「なかなかでした」と彼に言うと「じゃあ、またハイラルに来ますか」と顔をのぞいてきた。

「もう歳だから、今回がもしかしたら最後になるかも知れない」

「餃子の具も、野菜とブタ肉は七対三が理想です。人を想う気持ちもそんなもの」とよく分からないことを言い、一人で夜空を見つめ、ヒゲをしごきながら笑っていた。

「ハイラルの旅も七が行きたい、三がやめたい、ということ?」と思わず尋ねると、「もう一度来ると約束して下さいね」と力強く握手をしてきた。

前回も泊まった旧市街の中心地にあるホテルの前には、クラクションを鳴らし乱暴な運転をする車が行き交っていた。

北京の酔いどれジジイ

旅を振り返ると、まったく忘れていた風景や旅先で知り合った人を、ふいに思い出すことがある。それはボンヤリと電車に乗っている時のように、無意識のことが多い。

もう一度その場所に行ってみたいとはあまり思わないが、海辺のホテルからの風景や、そこですれ違った人など、さまざまな思いが陽炎のようによみがえってくる。しかし、旅をしていてなにか役に立つか、あるいは勉強になったかというと、それは極めて少ない。

あれほど熱に浮かされるように行ったパリも、年を取ってくると

「もうパリは満腹」と擦れた気持ちになってくる。（でも時がまた経つとまた出かけたくなってしまう）

歳を取って良かったことは、旅をしてきた分だけ、思い出を追想できることくらいだ。

中国語の教科書を開くと、どの本にも必ずと言っていいほど「北京秋天最好」という常套句がでてくる。北京の秋を何度か見上げてきたが、たしかに空が抜けるかのごとく青く、紺碧の空なども体験してきた。

日本の秋とは違い、北京の風は大陸の寒気が厚い層のごとく重なり、予想もしない底冷えに震えあがる。秋の北京を旅する人にとって、ダウンジャケット、厚手の靴下、毛糸の帽子、マフラーそして携帯カイロは必携である。

北京の中心地からだいぶ離れた場所に「大山子芸術区」がある。通称798芸術区と呼ばれている。元々は、一九五〇年代、旧ソ連、旧東ドイツの支援を受けて電子部品などを生産してきた国営工場跡地である。

やがて市場開放経済化で工場は軒並み閉鎖に追い込まれていった。廃墟になった工場は低賃金が味方して、多くのアーティストが移り住んで来た。

工場や倉庫の広い空間は、現代アートの制作や発表場にふさわしく、二〇〇三年頃からアトリエのほかにも、軒並み画廊やレストラン、カフェ、みやげ物店が急増し、北京にはこれまでなかったタイプの観光スポットとして若者たちの間で人気が高まって来た。

五年ほど前の晴天が続いたある秋の日、10号線の三元橋からタクシーに乗ってそのアートスポットに行ってみた。ここはバスかタク

シーで行くしかなく実に不便な場所である。

私にとっては画廊を覗くより、ここの書店が魅力的であった。美術、写真集、民俗、建築、地図と一般の本屋に置いていない、厳選された書籍が棚に並んでいる。

広い工場内に点在する画廊を歩くには、それなりの体力もいる。まず腹ごしらえに屋台で売っている肉夾饃《ロー・ジャー・モ》を口にする。これは西安辺りから生まれた中国版サンドイッチといったところ。豚の煮物に、タマネギ、パセリ、パクチーを盛り込み、ショウガ、八角、ミカンの皮、唐辛子、クミン、四川コショウとスパイスを振り掛け、焼いたイングリッシュマフィンのような薄いパンに挟む。ぴり辛な味は病み付きになる旨さで、小腹が減った時にぴったりな食べ物だ。

昼間の陽がさしている間は暖かいので、食べ終わった後もしばらく屋台の長イスに座って瞑想にふけっていると、すらりと背の高い

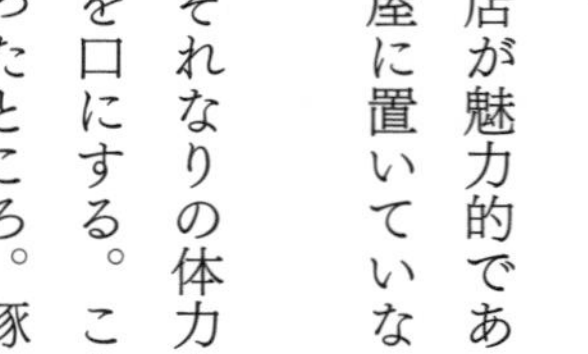

男性が先ほどからじっとこちらを見つめていた。それからゆっくり近づいてきた。

ツバの広いハットを被り、黒いハーフコートを羽織って、姿勢が良く均整のとれた歩き方をしてやってきた。ちょっとまぶしそうな眼をして「あの……日本の方ですか」とためらいながら話しかけてきた。

黙ってうなずくと日本名の画廊を口にし、どこにあるのかとたずねてきた。

「その画廊は撤退していて、もうありません」と答えると、手にしたパンフレットをもう一度見て彼は「そうですか」と声を落とした。高校時代の友人が画廊で働いていることを、北京に来てからふと思い出して、ここに来たという。

日が陰りだすと、とたんに寒くなるので、近くの小洒落たガラス

ばりのイタリアンレストランに誘った。ここのコーヒーはどこの国にも負けない本物の味がした。

銀行が見つからず両替できなかったのか、彼は今、手元に中国元がないそうで、昼は抜いたのだという。

「お腹がすいた」と言った。

生ハムのサラダにマルゲリータのピザを注文するとうれしそうに手を伸ばし、食べ終えると大きなサイフの中から日本の千円札を二枚取りだした。私が首を振ると「すみません。ごちそうになります」「元《げん》があればお返しします」と頭を下げた。

眼の前の彼はおそらく三十代の半ばくらいの年齢だろうか、仕草や話し方が落ち着いていた。やがて自己紹介するかのように話し出した。私立大学の建築学科の研究室に勤務しているという。

学部から院生になり、そのまま研究室に移行して、現在は建築史

を勉強しているという。

私はただ素人の建築好きとしてだが、これまで内外の建築の旅をかさねてきた。したがって彼と北京の美術館や建築について、いくらか熱っぽく話をした。自分の好きな話題になると人は饒舌になるものだ。

話し込んでしまい、辺りがすっかり暗くなると、夕食を口にしたくなり、ワインをボトルで注文しステーキを追加した。私は若く有望な青年を前にして年甲斐もなく高揚していた。ラストオーダーが八時半で九時には閉店なので会計を済ますと、外はまっ黒で足元が覚束無い。外灯も薄ぼんやりして歩道を注意して歩く。

真っ暗な中を、大きな鉄の門がある出口までやっとたどり着いた。もと来た三元橋の駅までタクシーで帰ろうとして、彼の帰る場所を聞くと、なんと天津からバスで北京まで来たという。これから北京

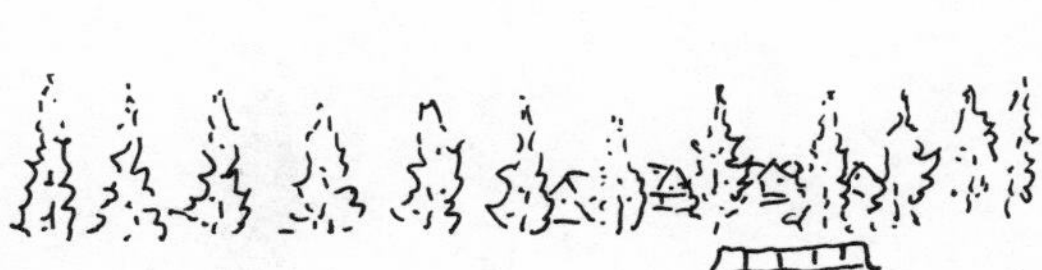

南駅まで地下鉄に乗り、中国のいわゆる新幹線で帰っても真夜中になってしまう。さらに中国元は一銭ももってない。

タクシーの中でそのことを指摘すると「平気、平気」と少し酔った口調で笑っている。私のホテルは一号線の永安里にあり、国貿という駅で乗り換える。彼はそのまま10号線に乗って行けば北京南駅まで行けるはずだが、中国語も怪しく地下鉄の路線もまだ理解していないようだ。

こちらは心配して「帰れる?」と聞くが、「平気、平気」と取り合わなかった。地下鉄の電車の中でも、座席に座ると彼は目を閉じて腕組みをしたまま うとうとしてしまった。

酒癖が悪い私はもう一軒どうしても寄って飲んで行きたかった。国貿に電車が到着する前に「もうすこし飲んで行かない?」という

と「いいでしょう」「では次で降ります」「そうしましょう」。

国貿とホテルの中間に深夜まで開いていて安心して飲めるスタンドバーがあり、ここにはウイスキーが横一列にずらりと並んでいた。ウイスキーは中国語で「威士忌《ウェイシージー》」といいハイボールは「汽水威士忌」という。汽車のように白い煙を出すところから炭酸飲料は「汽水」である。

「北京に乾杯」「おじさんに乾杯」時計を見るとすでに十時をとっくに回っていた。私はホテルまで歩いて帰れるが、天津までの彼はぎりぎりの時間である。

　バーテンダーは何度目かの「再来一杯」にいつものように笑顔でグラスを交換していく。

　ずいぶんお酒がまわった二人は、もつれるようにホテルにたどりつき、カードキーを差し、部屋になだれ込むと私は上衣を放り投げ

ベッドに倒れ込んだ。

朦朧とした頭で朝を迎えてハッと我に返り、となりのベッドを見ると、そこにはシワひとつなく、ベッドメイキングされた元のままの姿があり、誰かが泊まった形跡はまったく見えなかった。

記憶を探ると国貿からバーに行ったことは振り返ることができたが、そのあとはまるで霧がかかった状態である。彼はどこまで居たのか？　イヤ？　もしかしたら最初からバーにはあんな人はいなかったのかもしれない。

午前中は頭が痛く、体の関節が痛く狭い部屋で柔軟体操を繰り返していた。

十一時過ぎにベッドサイドの電話が鳴った。ハッと驚きながら彼

ではと思い受話器を取ると、部屋の掃除係から「可以打扫《クーイーダーサオ》（掃除いいですか）！」と大きな声がした。

ウブドの人形

　平成に入ってしばらく経った頃、インドネシアのバリ島に出版仲間と二週間ほど滞在した。観光客が多く豪華なホテルが建ち並ぶヌサドゥア、画廊やケチャダンスのウブド、聖なる山、アグン山（三一四二m）への登頂、そしてバリ島では唯一の西部国立公園と、ひと通りぐるりと周り、バリ島を楽しみ探索した。

　バリ島のリゾート地に行ってみると、ヨーロッパから来た人々と我々日本人のホテルでの過ごし方の違いをハッキリと見せつけられる。

彼らがホテルのプールサイドのパラソルの下で優雅に読書をしている横で、我々日本人はクロール、バタフライとプールを横断して奇声を上げる。そしてアイスコーヒーとスイカをたいらげ、大笑いしながら、次なる予定である卓球台に向かう。まるで遊園地の乗り物を全部消化しないと満足しない幼児のようだ。写真を撮り合い、記念の土産品を買い、酒を飲み、騒がないと旅に来た実感がわかない。旅の恥はかき捨てとばかり、行かれるところはどこにでも顔を出す。

プールサイドでのんびり小説など読んでいる暇など、働くことが美徳の日本人にはないのだろう。

終わりの頃にウブドのロッジに何泊かした。この辺りには日本人旅行者も多く、カフェに入ると、何日もまったりと惚けた顔をして

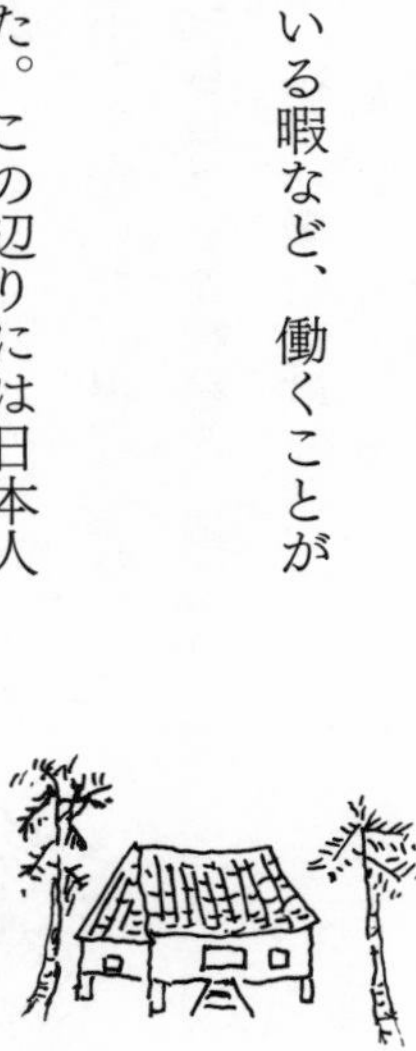

いる若者が多い。

ある朝、私もボーッとしていて、ふと窓から見ると、隣りの民宿の屋根に、垂れ下がった木を切っている小柄な人がいた。現地の人と同じ浅黒い顔をしていた。頭に日本の手拭らしきものを巻き、背中に大きく〝大和〟と文字が入っている半てんの作業着をはおり、地下足袋を履いていた。

一緒に同行したカメラマンたちは早朝から張り切り、舞踏の衣装の撮影を行っていた。

屋根の上で軽々働いている人々の姿が、黒々とした服装からか、私にはまるで伊賀の忍者のように見えて仕方がなかった。髪を後ろでたばね、腰に枝を切るノコギリや道具が刀のように差してある。

忍者が下りてきて、タバコを吸い一服休憩しているので、部屋の外に出て声をかけるとやはり日本人であった。しかしやけに無愛想

で人の顔をにらむように見ているのだ。年齢は私よりいくらか年下だろうか。中年といった言い方がぴったりである。背中の「大和」という文字が気になり思わず「奈良の方ですか」

「あーそうだよ」と言いタバコの煙をぷあーっとふかし、しばらく眼を閉じていた。

私が部屋に戻ろうとすると忍者は「あとどのくらいここに居る」と聞いてきた。

「四日間です」

「そうか、近くに木彫りや素焼の工房があるが、だまされるなよ」

「でも街中よりだいぶ安いと聞きましたが」

忍者は少しニヒルな笑い方をして「あれは西洋人のやつらがわざとバリ風に作っているのさ。街中はふっかけすぎ」「オレは三年間そこで働いていたから良く知っている」「奈良にいた時に陶芸をし

ていた」「まぁヒッピーくずれといったところで、アメリカ人の嫁と子どもとバリ島に来て十年だ」

思っていたより話し好きな忍者で「明日もこの近くの民宿の剪定にくるから」と言ってまた屋根の上へ梯子も使わずよじ登っていった。

午後はウブドから観光用の小型のバスで一時間半ほどのジャティルイ、ライステラスに行ってみると、三六〇度の棚田がみごとであった。それにしても日本人、欧米人といった観光客の多さにたまげてしまった。

帰りに私設の美術館をいくつか回ったが、いかにもバリ島といった民芸品の人形や売り絵の版画が多く、興醒めであった。

次の朝、忍者はまた屋根にいた。窓を開け大きな声で挨拶をする

と、今日は機嫌がいいのか「もし良かったら明日にでもオレの家に来るかい」と思わぬことを言うのだ。歩いてすぐらしいのでこちらも楽しみにしていますと気軽に返事をした。その日は何冊かのスケッチ帖を広げ、水彩で色をつけて部屋のあちらこちらに乾かすように置いていたら、となりの屋根から私の部屋が見えたのか「おたく絵描きさんかい」

「まぁ趣味で描いています」と気軽に返すと、驚くようなことを言った。「その水彩の絵の具、帰りに置いていってくれない。ウブドにはいい絵の具がないんだよ。オレの子どもにあげたいんだ」

私としてはパリで買ったわりと高価で気に入った絵の具であった。しかし帰国すれば東京の画材屋でいくらでも手に入るので、「お子さんにプレゼントしますよ」と答えた。

「そうか、それはありがたいな」と言って夕方五時に民宿ロッジの

カフェで待ち合わせをした。夕食は適当に近くの食堂に入ることにしようと考えていた。民宿は朝食のみ用意されていた。

忍者は民宿のカフェのテーブルに着くなり「ここのホットドッグいけるんだよな」そしていきなり竹かごに入ったバナナの皮を剥き、無造作に口にした。それが売り物のバナナだとこの人は知っているのだろうか。

「ホットドッグとこのバナナ、おごってくれる」私の返事はとりあえず「いいですよ」しかなかった。

忍者は農家の古い家を自分の手で改造して建て直したといい、嫁は毎日オートバイに乗り、地元の人に英会話を教えていると笑う。男の子どもは十歳で近くの小学校に行っていると両手を広げながらバリ島での暮らしを話した。

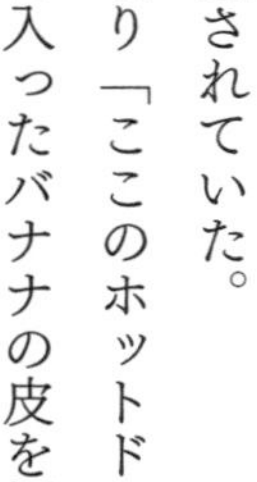

「まぁ最初は仕事もなくふらふらして。そして家を造るのにいそがしかった」とコーラの入ったグラスを皿の上に置いた。相手がまるで横柄なたかりのような振る舞いをする人間なので、こちらはちょっと緊張していた。そのグラスを置くカチリという音が、身構えたこちらに響いた。

忍者の家は近いというが、そしてそれから忍者に付いて民宿を後にした。

忍者の家は近いというが、三〇分も歩くとなんとなく不安になってくる。あたりは墨を流したような夕闇がひたひとせまってくる。犬が遠くでさかんに吠えている。

大きなヤシの木が重なる細い路地の奥に彼の家があった。手造りというが思っていたより小綺麗な家でなぜか安心した。ドアを開けると子どもの声がしたが、出てこなかった。居間というのか彼の部屋なのか、背の大きないかにもアメリカ人といった女性がいたので簡単な英語で挨拶すると、忍者は「奈良に長くいたので日本語が話

せるよ」と苦笑いをした。嫁はそれっきり赤い野球帽をかぶった男の子と一緒に奥の部屋に消え、帰るまで一度も顔を合わすことはなかった。

ヤシの葉をうまく組み合わせた敷物の上に座ると、忍者は唐突に「おたく絵を描くのなら横尾忠則を知ってる」と聞いてきた。

「ハイ、画集は持っています」

「彼はもう宇宙とコンタクトを取れているんでしょう」

「・・・」

「横尾さんは偉大です。彼の絵は宇宙に行ったことのある絵だ」

ふと本棚を見ると、日本の本が乱雑に積み重ねられていた。神秘の力、宇宙との対話、怪奇現象は嘘ではない、そういった本の中になんとあの麻原彰晃の本があるではないか。それはあの奇怪なサリン事件を起こす一年前のことであった。

すると忍者は「彰晃の空中浮遊は本当だったんですね」と言い宙に浮かんでいる彰晃の写真が入ったグラビアの雑誌を開いてみせた。

「ヨガの修行を積むと空中浮遊が実践できるが、あれは実際に本当だったんだ」

「バリ島に来てから霊感が増してきた」そういって立ち上がり、透明なソフトボールほどのガラス玉を持ってきた。

しばらくすると大麻なのか、葉っぱをくるくる巻き、それに火を付け、煙を外に出さず吸い込むようにしていた。インドネシア語なのか、はてはネパール語なのか、よく理解できない言葉で祈りを口にして、何度もガラス玉に頭をこすりつけるかのごとくおじぎをするのだ。

ひと通り儀式めいたものがおわると、憑き物が落ちたようにすっきりした顔をして「もうすぐ宇宙から神の声がおりてきます」と天

井を指した。「超能力は鍛えた人しか身に付かないものだ」そういうとガラスの玉を紺色の布でていねいに拭き、後ろの箱に入れた。

さらに驚いたのは本棚の横にきちんと立て掛けられた日本製のラーメンであった。すべて同じメーカーのラーメン袋がまるで一日一食という厳格な規則があるかのごとく、横一列に並び置いてあるのだ。

忍者はその後三十分間にわたって「現代人はなぜ幻覚を見なくなったのか」と霊魂の魅力について語り、会談から無事解放された。「そろそろ日本食が恋しくなる頃だろう」そう言って、インスタントラーメンを一個プレゼントしてくれた。

帰りは忍者と一緒に歩いて路地から大通りに出ると「ここをまっすぐに行くと宿だ。分かるよね」といって別れた。

久し振りにまっ黒な道を歩く。これまでも山を歩いてきたので、

夜道は何度か経験していた。空を見ると満天の星が広がっていた。目がなれてくるとウブドの田舎道は星明かりで歩けるものだと感心した。

忍者がくり返し言っていた宇宙とのコンタクトという意味を考えながらトボトボ歩いた。風のまったくない夜でヤシの上の星が点滅するように光っている。

それにしても、帰り際に素焼きの人形を半額でいいからと押し切られた。人形を手にした彼のごっつい傷だらけの手と太い指を見ると何も言えなかった。

「日本人は日本人をカモにするんだ」と妙に納得してホテルに帰った。

コラム2 旅に必ず持っていくもの

ペンライト、万能ナイフ、携帯スリッパ、爪切り、スーパーライトのダウン、カシミヤのマフラー、風邪薬、胃腸薬、のどアメ。

この十年は中国各地を年に二、三回は旅している。北京、上海、広州の近場は個人旅行で、移動が多くなる奥地には、中国専門のツアーにお世話になっている。

どちらにしても中国大陸は昼夜の寒暖の差が激しく、油断をすると体調を崩す。あるいはホテルの空調設備が悪く、何度も震えあがったことがある。

旅行中はスーツケースの出し入れが頻繁になり、意外なことに爪を傷つける。いつの間にかドイツ製の小さな爪切りは必携になった。足を包むスリッパも機内持ち込みバッグに入れるようになった。電子辞書も持ち歩き、何かというと開く。

旅先で、もっとも気をつけているのは、食べ過ぎ、飲み過ぎである。暴飲暴食は年寄りの冷や水。海外でお腹を壊すと、無残な結果が待ち受けている。一日中トイレのことが頭から離れない旅が一番惨めだ。そんな時は白湯が体を救う。

第3章

暮らすように旅する

サンタバーバラの日本人

一九八六（昭和六十一）年の秋から冬にかけて、私はロスアンゼルスに三ヶ月滞在した。帰るときに、取材がうまくいかず、一ヶ月ビザを延長したので合計四ヶ月のアメリカの旅であった。

ロスアンゼルスに行ってみてつくづく感じたのは、ここでは車がないとどこにもいけず、買い物も不便である。

日本を出発する前に、ある車の会社のPR誌の仕事を長い事していたので、なにげなく編集者に「ロスアンゼルスに行くのだが、おたくの車を借りられないか」と相談すると、なんと広報部の方から

すぐさま良い回答がきた。条件として、「原稿に車の名前を一言書いて欲しい」ということだった。

ウエスト・ハリウッドの長期滞在用のホテルに着いてすぐに、現地の日本人のディーラーから電話があった。車をアナハイムに保管しているので取りに来て欲しいと言われ、一週間ほどしてロスで生活している友人の車に乗って受け取りに行った。

自由に乗れる車があることによって、行動範囲が格段に広がった。それまではホテルの近くのレストランやバーと、限られた場所のみであった。

運転に慣れない最初のうちはサンセット・ブールバード沿いや、メルローズ・アベニューをこわごわ走っていたが、一週間もすると、頭の中にロスの街が定着して自由に走れるようになった。

ただ予想していた以上に町の治安は悪く、ネオンがともりはじめ

るとビルの影にはチンピラ風の男がたむろし始めるのだ。ナイフを弄ぶように動かしている男たちに近づくことだけは避けることにした。

ホテルの地下の駐車場に入る時は、まず車から降りてホテル専用の駐車カードをボックスに差し込み、再び車で薄暗い坂を下って行くとそこにもゲートがあり、車の窓から顔を出し、部屋の番号と自分の名前を大声で言う。ホテルの監視人がテレビモニターで見て認識されて、ゲートが開く。車を降りて、駐車場から上の階段口に登り、もう一つカードを入れないと部屋へのドアーは開かない。やれやれと自分の部屋の前で、最後に小さな金属のキイを取り出す。

慣れてしまえばなんでもないのだが、車で外に出るたびに、このルールを守らなくてはならないので、逆に歩いて三十分ほどで行ける画材屋や文房具店には健康のためにもと車に乗らなかった。

買い物やドライブする時に注意することは、窓から見える所に絶対に物を置かない事だ。車上荒らしが日常茶飯事のロスでは、荷物は後ろのトランクに入れるのが常識になっている。

そのトランクに一泊二日用の服を入れて、ロスから北西へ車で約二時間ほど、良質なワインの産地でもあるリゾート地のサンタバーバラに出かけた。滞在一ヶ月ほど経った頃のことだ。

四十歳近くでフリーのイラストレーターになったが、日本は八十年代、バブルの真ん中で好景気に浮かれていた。私のような盆暗イラストレーターにも雑誌の連載や広告の仕事の注文が、ひっきりなしに舞い込んでいた。

ロスに行っても、早朝から夕方まで部屋のテーブルの上で必死にペンを動かし、昼食でも外にも出られず配達されたピザを手に荒い

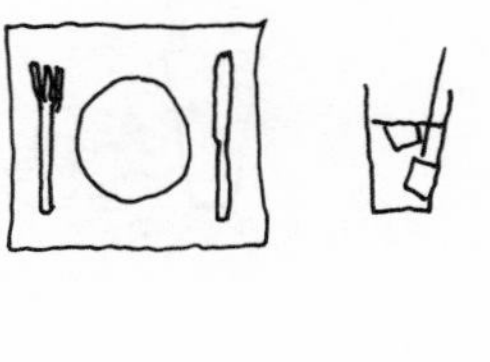

息をつき、夜はビールやワインをがぶ飲みして放心状態であった。

そんな日々のある夜、本屋で買ったロスの写真集を見ていたら、街の建物がスペイン風に統一されたサンタバーバラに一目惚れしてしまった。根を詰めた広告用の絵を航空便で日本に発送し、気持ちが久し振りに開放されていた。

サンタバーバラの周辺にはカリフォルニアワイナリーが百以上も点在している。酒好きで毎日飲んだくれている人にとっては天国のような土地である。さらに海岸にはヤシの木が並ぶ美しいビーチがひかえている。街の中心地にはモネ、マティス、ルノワールと幅広いコレクションを持っている美術館もある。

それにしても私の英語力はお粗末そのものだ。中学一年生止まりの英語で、アメリカに行くならと出発前に三ヶ月ほど英会話教室に通ったが、若者にまじって牡蠣のように口を開かない中年のおじさ

んの一人であった。

ホテルのフロントでは「一人です。今晩空いている部屋をお願いします」それも紙を見ながらやっと、という程度の英語であった。しかし旅はこんな語学力で十分である。少しの勇気を持ち、パスポートとクレジットカードを紛失しなければ、旅はつつがなく続けられる。

サンタバーバラへの道はフリーウェイの一本道で迷うことはない。目の前に海岸が広がる二階建てのホテルは手頃な値段であった。ホテルは清潔でシンプルな部屋が一番である。車のトランクから旅行バッグを部屋に運び、レストランで一息つき、コーヒーを飲んで、地元の新聞を開いていた。

その日の夜にカントリーバンドが海岸の近くのライブハウスで演奏する記事が載っていた。私は学生時代にアメリカン・カントリー

音楽に夢中でギターを弾いていたことがあるので、ロスに来てからもカントリーのチェックだけは熱心にしていた。

新聞を閉じてぼんやりしていると、後ろの方から「あの……日本の方ですか」と英語で小さな声がした。振り返ると、紺の背広に白いワイシャツ姿の気の弱そうな青年が立っていた。どうぞと前の椅子を指すと、青年はていねいに頭を下げ静かに座った。

シアトルからサンフランシスコと、グレイハウンドの長距離バスを乗り換え二ヶ月の旅を続けてきて、ロスに寄ってから日本に帰るつもりだという。

新潟で中学の英語教師をしていたが「本場のアメリカでは苦労の連続です」と自己紹介をした。きちんと目を合わせて話すその眼がまぶしい。

青年はホテルの駐車場を指差して、「あの白い車はおたくのですね」と微笑み尋ねて来た。きっと彼は私が車から降りて、ホテルのフロントに歩いていたのを、どこかで見ていたのだろう。

私が少し沈黙していると「どこからいらしたのですか」と言った。彼がこれからロスまで行くことを聞いていたので、彼の気持ちを察することができた。私はあえて会話をさえぎるように、質問とは全く関係のない、最近あった全米のテニス大会のテレビ中継のことを話すと、彼は首を振って「見ていません」と言った。

青年の、少し襟のあたりが黄ばんだ白いシャツと紺の背広、紺のネクタイが、このカリフォルニアの風土と気候にあまりにも合わず違和感を覚えた。

私がおそるおそる「このホテルに泊まっているのですか」と尋ねると、ホテルは丘の上のもっと安いホテルで、海岸を散歩してコーヒーを飲みに来ただけだという。

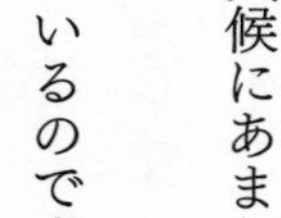

日本の地方の真面目な教師そのものが、朴訥な話し方にあらわれていた。おそらく教員をやめて「自分探しの旅」とアメリカに来たのも嘘ではないだろう。

ただ彼は私のことより、車の方を見つめながら「サンタバーバラにいつまで」と言って、私の車のナンバープレートからロスの車とすでに認識しているようであった。私はしばらくここに滞在してみるつもりだと哄笑して嘘をついた。

翌日の朝にダウンタウンの観光案内所の近くまで散歩に行くと、紺の青年が黒い大きなトランクの横でたすき掛けのカバンを肩にバス停に立っていた。

私は思わず大きなヤシの木の陰に身を潜めてしまった。なぜそんな行動を取ったのか、自分でも理解できなかった。

ヤシの木から大きなヨット置き場の倉庫の方にそっと歩き海岸に

出た。青い空と海が重なるように溶けていた。一人の旅も寂しいが二人はもっとやっかいなことが多くなる、そんなことを思いながらじっと海を見つめていた。おそらく午前中のグレイハウンドのバスは一本ぐらいしかないはずだ。

私は海を見ながら、自分のややこしい意地悪な性格について考えていた。

ロスでも迷子

ロスアンゼルスに長期滞在するとなると、絶対条件になるのが車の確保である。バスやタクシーでは、どこに行くのにも不便で、約束の場所や時間にいつ到着できるか分からなくなる。レンタカーも長期だと金額が張る。

私は幸運なことに、日本の自動車メーカーの車を無料で三ヶ月間借りることができた。相手の希望としては、仮にイラストルポの取材などがあった場合、さりげなく車の名を入れて欲しいという依頼であった。

アメリカの走行ルールで日本との一番の違いは右側通行だが、これは三日も乗ればすぐに慣れてしまう。夜間の車の通行のない道では、油断をして日本といる時と同じように左にハンドルを切ると、大変なことになる。慣れないうちは車に乗ったら「右側右側」と常に口にする癖をつけていた。

アメリカの片側五車線のフリーウェイを走っていると、時速70マイル（時速112キロ）をすぐにオーバーしてしまう。まわりの景色が雄大なのでスピード感がない。だが途端にハイウェイパトロールカーが後ろに付き、違反キップを切られる。さらにカリフォルニア州では飲酒運転は重罪と見なされ刑罰は厳しい。昼間さんさんと降り注ぐ海の陽光の下で軽くビールを飲み、ビーチから出る時に飲酒の検問がある。これで免許を取り上げられた現地の人は多い。

休日のビーチ、ヨットハーバー、釣り場といった行楽地からの帰

り道は、警察が陰に隠れて見守っているものだ。これは何度も目撃した。

さらに車内に飲みかけのビールの缶などを放置しているだけでも違反となる。アルコール飲料と外から目立つ荷物は必ずトランクに収めるのがなによりの鉄則だ。

ロスに着いて間もなく失敗したのはスピードでも飲酒でもなく、サンタモニカの巨大なショッピングモールの駐車場でのことだった。休日に人気ブランド品が特売とあって、モールの駐車場は大混乱していた。案内員の指示にしたがい、上へ上へと駐車場のスロープを上がっていった。やっとのことで狭いスペースに車を止めた。

とりあえずお腹が減っていたので、一階に下りてショッピングモールの外の芝生のまわりの「ハンバーガー屋」に入った。陽気な

アメリカ人夫婦はバーニーズニューヨークの大きな袋を両手に持ちうれしくてたまらないといった表情でスキップしている。

私は真っ赤なスニーカーにグレーのチノパン、少し大きめのトートバッグにTシャツを……などとチラシを手に作戦を練っていた。

そして隣のビルの三階の会場に行ってみると、広大なスペースに山のように服が無造作に積み上げられ、どれも金額が半値であった。あわててはいけないと自分に言い聞かせて、目的の品物に手を伸ばしていった。本場のアメリカ製のサイズはとにかく大きく、きちんとチェックをしないとぶかぶかになってしまう。

残念ながら目当ての服はすでにほとんど売り切れていた。それでもチェックのシャツを何枚か袋に入れ、派手な赤のスニーカーもゲットしていくらか浮足立っていた。

両手に大きな紙袋を下げ、元のビルの駐車場に向い、エレベー

ターのボタンを押す時になってようやく「あれ、何階だっけ」「たしか4階だな」と白い車を探しだしたが、見つからないのだ。「ではもう一つ上の五階」とぐるりとスロープを上がって、顔をあちらこちらに動かして車を探す様子は挙動不審の日本人そのものだっただろう。

この時はまだ余裕があり「では三階も」と下がって探したが見つからない。しだいに不安感が大きくのしかかってきた。

前にロスの国際空港に友人を送った帰りに、自分の停めた駐車場がわからなくなり、半日泣きベソをかきながらいくつもの階を「白い車」とつぶやきながら倒れるほど歩いたことがある。停めた場所の目印か番号が必ずどこにあるはずなのに、メモすることも忘れ、漫然と友人と話しながら歩いていたので、まったく記憶になかった。

諦めて帰ろうとした時に白い車がふっと眼に入り、本当に飛び上がって一人歓喜の雄叫びを上げた。

今回は、車から降りる時にアウトレットのチラシを見ながらエレベーターに向かったのが大失敗であった。駐車した位置の確認を怠った。

「もしかしたら盗難にあったのでは」と心臓が速く動き出した。さらにいつもはカギに車体番号の小さなプレートを付けていたのだが、金具が傷んでいたので外してしまっていた。

最悪の場合は一度ウェストハリウッドのホテルに戻り車体番号を控え、出直す覚悟でいたが、帰るにもタクシーが待機していなかった。あたりはしだいに夕暮れが迫ってきて、心細くて仕方がない。

こういうときに少しでも英語が話せたら、駐車場の管理人に相談

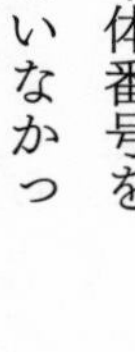

できるのだが、要領良く伝える自信はゼロであった。

その日は休日だったのに、なにかのサービスの日なのか、駐車場が無料であった。入り口のチケット発券機の横もスルーで、窓から手を伸ばすこともなく通過でき、案内係りの人の指導で上へと進んだのだった。

後から思うには、あの時、せめてチケットの発券があったなら、そのチケットを頼りに、車を捜すことができたのにと恨み節が出るのであった。

「どうしたらいいのだ」腕組みをしたままビルの外に出て、車がどうやってこのショッピングモールに入ってきたのかを思い出してみた。

駐車場の入り口から歩いて入り、記憶を呼びおこそうとしばらくボーッと立っていると、「もしかしたらこの駐車場のビルではなく、

裏の棟の駐車場では」と高い給水塔を見てハッと思い出した。しだいに重くなる荷をばらし、エコバッグに入れ替えることにした。袋やケースは近くのゴミ箱に押し込み「冷静に」と自分を落ち着かせた。

小学生の時の通信簿にあった「落ち着きがない」「いつも上の空」「学力低下が心配」といった言葉が不意に頭をよぎる。

しかし、別の建物の駐車場入口に立っても、あたりの雰囲気はそれほど変わらなかった。混雑も終わりすでに案内係の人もいない。「なるようにしかならない」とすてばちになってきた。今度は3、4、5階と回ってみたが自分の乗ってきた車種の白い車は見つからなかった。

5階の窓から外を見るとすでにあたりは暗く、遠くにネオンのついた小さな町の明かりが見えた。

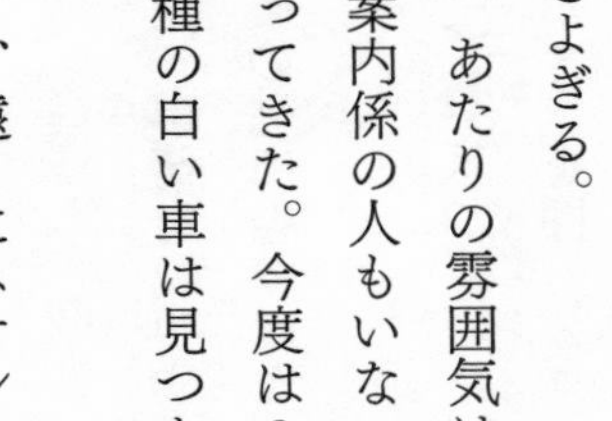

そんな景色を見ながら「オレはなにをしにアメリカに来たのだ」と己の空しい気持ちがさびしげな町と重なっていた。

もう一度下に行きビルの管理室で片言の英語で事情を説明すると、なんと私が駐めたのは左右に広がった建物の裏の駐車場ではないかというのだ。

歩いているうちに方向感覚がすっかりずれてしまっていた。教わった駐車場に行き、五階のエレベーターのボタンを押しスロープをぐるりとまわると白い車が無事に「あった」。脱力感でへたり込みそうであった。

車のドアのキイを回して車に乗り込むと、懐かしい匂いがした。座席の横に置かれたロスの大型の地図がいとおしく思えて、手でそっとさすった。

あとは無事に帰るだけだ。車の中で長い間気持ちを落ち着かせるために、何度も何度も深呼吸をした。来る時はあれほど混雑し車が密着していたのに、今はすでにあたりに停めている車もまばらになっていた。時計を見るとすでに九時を過ぎていた。なんと五時間近くも眼を充血させて歩きまわっていたのだ。

「オレのような無知な男がこの国でハンドルを握っていていいのか」そんなことを思いながら運転をして帰って行った。

ベーカーズフィールドを目指した

ロスアンゼルスに滞在して最初に感じたことは、ファストフード店の味が日本とは比べようもないほど美味しいことで、これには感動した。さらにその量にも圧倒された。

生地が細かく、口の中で溶けてしまうふわふわパンケーキ、新鮮な野菜に卵がたっぷり乗ったスクランブルエッグ、さらにオムレツやフレンチトースト。

ロスにはメキシコ系移民が多いので、値段も手頃で、アボカド、トマト、ライムなどの野菜がたっぷり入ったメキシコ料理を夕食に

よく食べに行った。ピリ辛の料理が日本人の口にも合っていた。

当時、寿司が流行しだしたが、日本の寿司とはまったく味が違うので、カリフォルニアロールの店に一度入ったきりで二度は行かなかった。

普段の食事は部屋のキッチンで、朝はトーストに夜はご飯を炊いて、質素というか簡単な料理を自炊していた。外食を続けていると量の多さに体調を崩すことになる。

滞在していたウエスト・ハリウッドの近くにサンセット通りがあり、ここにはギターショップ、レコード屋、ライブハウスと興味をそそられる店が点在しており、車で流しながらめぼしい店の前に車を止めて店の中を一周していた。中でも観光名所の感がある「ギターセンター」には何度も足を運んでいた。有名なミュージシャンの手形やサインが飾られ、涎が出るようなギターが店内に所狭しと

展示されていた。

何度も行きながら、毎回手ぶらで帰ってくるのも気が引けるものだ。フレンドリーになった大柄の店長の勧めで、七〇年代のギブソンのギターをまけてもらい約九万円で購入した。たいしてギターを弾けるわけではないが、旅の記念のつもりだった。

同じ通りに新品の楽器店があったので、ついでに一番小さな弁当箱ほどのギターアンプを買った。

それにしても連載のイラストレーションや広告、さらに原稿と、ロスに来たのに手伝ってくれるアルバイトの人もいなく、因果な仕事に毎日悪戦苦闘していた。原稿やさし絵を送るため、郵便局や飛行機便の営業所との往復に追われていた。

日本の友人はロスでのんびり優雅に過ごしていると勘違いして、会社の電話で時差も考えず、こちらの深夜に気軽に電話してきてい

た。

仕事の息抜きを兼ねて、夕暮れになるとワインやビールを片手に教則本を見ながらギターの練習をしていた。ある日、廊下側の窓を軽く叩く音がしたので、そっと窓を開けると、髭面の中年がニッと笑い、「いい曲だね」と言った。

アメリカ南部を走る鉄道の曲を練習していたのだ。彼は一番奥の部屋にいるマークと名乗った。ハリウッドの映画会社で録音技師をしていると言い、カントリー音楽が好きで、部屋にはレコードがたくさんあるので遊びに来てと手を振って帰っていった。

ホテルの中庭には細長いプールがあり、晴れた日には長イスに足を投げ出し、裸になってパンツ一枚で新聞を読んでいる人がいた。そんな中に彼の顔もあった。

また玄関口の横には夕食時のみ開いている閑散としたレストラン

があったが、その味のひどさに二度と足を運ぶことはなかった。場所柄かハリウッドの映画関係者が長期に滞在しており、時折レストランでマリファナパーティでもしているのか、奇声をあげて騒いでいた。そんな連中に混ざってマークもいた。

私の部屋の明かりがついている時などは、彼が窓を遠慮気味に叩くことがあった。互いに相手の部屋に入ることは避けていた。ホテルのロビーでビールを飲むことはあっても相手の陣地には行かなかった。カントリーのレコードを何度か交換したが、こちらの英語があまりにもおそまつなのでマークも苦笑いをしていた。私より五歳年上だが、青い目が透き通り、しなやかな体で若々しく見えた。

ロスに来るときに、はじめての人に会った時の名刺代わりにと、自分が書いた絵葉書と小さな山の風景のカレンダーを持ってきたのがここではじめて役にたつことになった。

日本の風景や山のカレンダーを見てマークは窓越しになにやら興奮したように喜び、「弟がベーカーズフィールドにいるので、これを送ってあげたい」と言った。弟は二度も日本に行き、大の日本ファンであるという。

ベーカーズフィールドはカリフォルニア州中南部の位置にあり、あたり一面に葡萄畑が広がる、スタインベックの『怒りの葡萄』の舞台になった土地である。

テキサス州ナッシュビルを中心に隆盛を極めたカントリー音楽が、ロックの勢いで陰りを見せた一九六〇年代に「カリフォルニア・カントリー」として再び頭角を現してきたのだ。

ロスからフリーウェイの99号線を北に五時間も走ると、私にとって夢の地、ベーカーズフィールドに行ける。地価や人件費が高騰を続けるロスやオークランドから企業や工場が移転してできた、カリ

フォルニアの新しい町である。

アメリカの中でもカリフォルニアの人は明るく気さくでフレンドリーといわれるが、それは同類の白人の間の話で、アジア人やメキシコ人には見えない壁が建てられている。

ある日私がマーケットの立ち食いの店で、クリームチーズをたっぷり挟んだベーグルを注文すると、現地の白人には次々とさばいていくのにいくらたってもベーグルは来なかった。こちらの英語が通じていないと思っていくらか大きな声を出すと、生意気そうな顔をしたエプロンがけの若い女性は「アジア人でもベーグルを食べるの」と言った。

中国、日本、タイ、ベトナム、彼女たちにとってすべてアジア人としか見えない。

我々日本人がアメリカ人とカナダ人の見分けがつかないように。

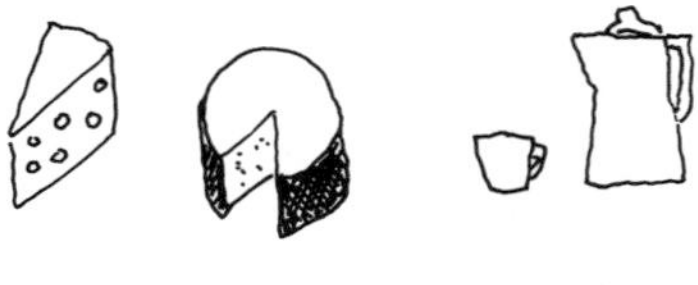

私は弟さんの分としてカレンダーを二冊プレゼントした。

マークが弟に絵ハガキとカレンダーを郵送すると、「カントリー音楽が好きなら、一日も早くベーカーズフィールドに来るべきだ」と電話があった。「こっちに来たら一切の面倒を見る」とも言った。弟は配電機器工場の主任をしている。

どんな工場なのかさっぱりわからないが、マークいわく、これからもっとも期待できる電機産業だという。

十一月に入ってはじめの金曜日にベーカーズフィールドに向かった。その日の夜に、カントリー音楽の大物、マール・ハガードのバンドが劇場で演奏する。チケットは二ヶ月前に完売していたが、マークの弟がどこからか二枚手に入れてくれた。

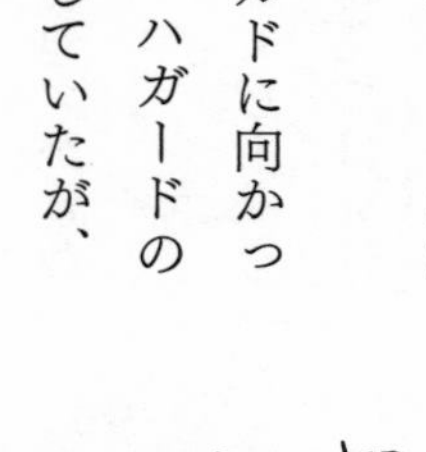

車がロスの郊外に出ると、砂漠のような荒涼たる風景が流れて行く。車のカセットテープからはカントリーの歌が聞こえる。運転席の横にはオレンジ二個とベーカーズフィールドの大きな地図が置かれている。

広いロス郊外のハイウェイを走っていると、ついついスピードを出し過ぎてしまう。しかし七〇マイル（一一二キロ）を超えてはいけない。気をゆるめて走っていると、必ずスピード違反を見張っているパトカーに追跡される。

また人気のない道路に車を止めていると、故障か事故でもあったのかと、やはりパトカーや道路管理の車が「どうした」と近づいて来る。そのときにこちらが妙な行動をすると相手は警戒してピストルを構えることになる。

ベーカーズフィールドに近づくにつれて、道の両脇は葡萄畑、柑

橘類の畑、綿花、バラ園と続いていく。冬の季節はずれなので緑はなく寒々とした風景が広がっている。

それでも青いつなぎの作業服を着たメキシコ人のグループが畑の中で作業をしていた。

山をバックに風車のある小屋が佇んでいるのを見つけた。その風景をカメラにおさめようと車を止めて何枚か撮影していると、音もなくすっとパトロールカーが近づき、警察官二人が拳銃を手に声をかけて歩いてきた。

「写真を撮っている」と山を指差すと、「免許証」とぶっきら棒に言った。国際免許証とパスポートを出すと、「日本人か」とはじめて顔をゆるめた。

ベーカーズフィールドは急激な人口増加に伴い、治安が年々悪化しており、州内ではサンフランシスコと並び犯罪発生率が高くなっ

ていて、組織的な犯罪集団であるギャングが横行闊歩し始めた。

「ベーカーズフィールドに何をしに」

「カントリーを聞きに行く」と言うと、二人の警察官は片手を上げ

「それは素晴らしい」と声を合わせた。そして手を振りながら去って行った。

郷に入ってはテンガロンハット

カントリー音楽ファンにとってベーカーズフィールドは、今やテネシー州のナッシュビルよりも人気が高い。ナッシュビルの音楽がいささか古くなりつつあった一九六〇年代。バック・オーウェンス、マール・ハガードという二人の偉大な歌手がベーカーズフィールドの土地で一気にその才能を開花させた。

まずは金鉱が発見され、一九世紀に石油が発見されてから石油精製の町となり、現在は農作物を中心に人口は約三十四万人を超える町となった。カリフォルニア州で九番目に大きな都市である。

アメリカのどの町もダウンタウンはにぎやかだが、少し離れると、人影も疎らになり、流通倉庫ばかりの通りになってしまう。駅前に集中させる日本の都市形態に慣れた者にとって、いささか拍子抜けするガランとした風景が広がっている。「列車の町」と「車社会で発展した町」の違いは顕著で、人の流れ方も全く異なる。ここの土地もホテルと教会が町の出発点である。

ベーカーズフィールドにはカントリー音楽を知るための博物館やミュージックホール、ライブハウスやバーが通りにいくつも連なっている。

私がベーカーズフィールド音楽の虜になったのは、今までの古臭い土の匂いのするカントリー音楽とは違い、軽快なサウンドによる。トラック運転手の心情や、町が衰退していく悲しみといった作詞に、そして現代風のギターフレーズにひかれたからだ。

車をホテルに置いて、町の中心地の散策をはじめた。そしてある角を曲がったとき、昼間なのに二階建ての白い壁のライブハウスから生演奏が聞こえてきた。

カメラを首に下げてライブハウスに気軽に入っていくと、店内にはこちらの胸がときめくほどの歌手やプレイヤーの写真が、所狭しと飾られている。たいした目的もなくアメリカに来たが、この地に来て、はじめてささやかだが夢の一日が踏めたと安堵した。

ホールの中ではハウスバンドのエレキギターの音がガンガン響いていた。旅の記念にと一枚一枚プレイヤーの写真を写していると、突然後ろから肩をたたかれた。

振り向くと、チェックのウェスタンシャツにテンガロンハットを被った大柄で屈強な男がなにやら大声で、さらにこちらを威嚇する

ように怒鳴っていた。

相手がなんで怒っているのか見当もつかず、体を硬直させていると、相手はカメラを指差し「マネージャーの許可を取っているのか」と何度も言うのだった。日本から来た取材のカメラマンとどうも勘違いしているようだ。男は銀色の大きなバックルが付いたベルトとジーンズを無造作にずり上げた。まるでガードマンのように立ち塞がり、こちらがホールに入ろうとするのを拒んでいるようだ。

「私はカントリー音楽が大好きな日本人で、ロスから来ました」と両手を挙げ拙い英語を口にしたが、相手は「それがどうした」と頑としてホールに入ることを阻止するのだった。

その理由が全く理解できなかった。いくらか血走った目も不気味な感じである。やけに相手に緊張感を与えるガードマンなど初めてである。

「ホールに入っていいですか」とこれまでの人生で最大の笑顔を浮かべたが、相手は首を横に振り、まるで警察官が犯人を見るかのごとくじっとこちらを監視している。

いかつい男はゆっくり口を開き、まず「その帽子」と言った。ロスの海岸でよく被っているこの野球帽がダメで、ここに入るにはテンガロンハットが正装だとぬかした。

「そのパーカ」とロスの大学のロゴとフードが付いたヨットパーカを指差す。そして「そのズボン」と白コットンパンツが気に入らないらしい。さらに「そのスニーカー」。星のマークがついたスニーカーに怒っている。

ここのライブハウスはベーカーズフィールドの聖地といわれる伝統ある場所だ。あんたのような気軽な服装の者を入れる訳にはいかない。今度来るときはウェスタンブーツを穿いて正装して出直して

こい——とバカにしたように言う。

高級ホテルのディナーショーならわかるが、「たかが田舎のライブハウスではないか」。

こういう時に英語でなにかうまい捨て台詞でも口にできたらいいのだが、黙ってしおれて帰るしかなかった。

折角ロスから車で何時間も一人で緊張して来たのに、こんな男と出会ってしまったことで、この土地が途端に不愉快になってきた。

カメラを首から外し、しょんぼりと店の外に出ようとすると、派手な刺繍が入った白い背広を着たマネジャーらしき紳士が、黒いテンガロンハットをこちらの頭に乗せて
「昼間はこれでOK」「でも夜はウェスタンファッションがここの店のしきたり」と肩をぽんと叩いてロビーに案内してくれた。

典型的なウェスタン酒場にある、両開きの木のドアを開くと舞台

の上ではスポットライトを浴びたバンドがうねるように演奏していた。日本の年輩のカントリーバンドと違い、若いベースとドラムのリズムに自然に体が動いていく。

木のイスに座りジンジャエールを注文して一息つくと、あの頑固でいかつい男がのっそりとやって来て「良かったな」と初めてニッと笑った。

あの男も仕事に熱心な、忠義なイイやつなのだ。私は自分の短気でいささか屈折した性格を反省していた。

客はまばらではあったが、バンドが演奏している舞台の前のダンスホールでは三組の中年のカップルが、曲に合わせて踊っている。皆さんブーツにウェスタンシャツで、まるで雑誌に出て来るような、南部そのもののカントリースタイル、正式の装いであった。

ヨットパーカのこちらとしてはまるで場違いの服で身が縮こまる思いがして、テンガロンハットで顔を隠すしかなかった。

旅ではその土地に従えと、教えられた。

さびしげな空港の人

ロスで滞在していたホテルの近くに通称マジックバーがあった。マスターが手品が好きなので、週末はショーが行われる。アメリカ人は魔力、魔法、魔術が好きな人が多いのか、ロスの近郊から幾種類のトランプやタネの入った箱を手に車で乗りつけ、自分からも巧妙な手さばきでマジックを披露し深夜まで過ごし、ご満悦で帰っていく。

三〇名ほどで客席は満杯になってしまうために、夜の九時過ぎからは入れ替え制になるほど盛況である。ホテルから歩いて行かれる

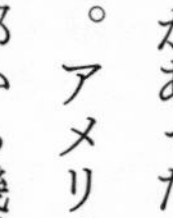

距離なので、こちらはしこたまハイボールを飲んで、英語が不得手でうまく話せない日頃の鬱憤を晴らしている。ただし、マスターと顔なじみになったのは良いが、ショーが始まると「遠い日本からわざわざいらっしゃった友を紹介しよう」と前の方にある舞台に呼ばれることには少々閉口していた。

前半はマスターのトランプと金属の輪の手品で、後半はプロと客の手品自慢大会である。

何回か覗いているうちに、トランプの基礎のマジックをいくつか学び、できるようになった。

ある夜いつものように大きなグラスに注がれたハイボールを手に、何回見ても大笑いしてしまう、黒い帽子から鳩が出てくるインチキ手品に見とれていると、白い服を着た背の高い女性が入ってきた。

日本人形のような髪型をした女性と恰幅のいいアメリカ人の紳士が隣に座り、談笑していた。女性の流暢な英語を耳にして、一瞬中国人かと思った。

二回目のショーが終わり、支払いを済ませようとしていた時に、その女性から「日本の方ですか」と話しかけられた。その日もマスターにいつもの「遠い日本から……」と前方に呼ばれ、トランプの手品につきあわされていたからだ。

「近くのホテルに長期滞在しています」と返事をすると、大きな眼をピタリと合わせ、「私は日本の航空会社に勤めております。なにかお困りの時はお手伝いします」と名刺をいただいた。そしてしばらく立ち話をした。

「今夜はうちの支店のボスのおつきあいで来ました」と少し皮肉そうな顔をして笑った。驚いたのは、駐車場から出してきた真赤なス

ポーツカーに彼女が一人で乗って手を振り去っていったことだ。日本のフェアレディZだった。鮮やかなその赤い車の後ろ姿にしばらく見とれていた。連れの紳士はおそらくまだショーを見ているのだろう。

十月の終わりの頃に四日間ほど知り合いの編集者が遊びに来て、帰国日にロスの空港まで車で送って行った。日本は好景気が続いており、編集者も土産品をどっさりトランクに押し込め、なおかつダンボールも用意し、出発カウンターに向かった。

搭乗手続きをしようとした時に、偶然にあの背の高い女性を見つけた。

名前は忘れてしまっていたが声をかけると、一瞬不審な表情をした。マジックバーで会ったことを話すと航空会社特有のにこやかな

笑いを浮かべた。これから友人のチェックインの手続きをすることを話すと、彼のチケットを見て「今日は席が空いていますので、ビジネスクラスに変更できます」と言った。そしてカウンター係の人に指示を出しテキパキと処理をしてくれた。好景気とはいえ、ほとんどの人が皆エコノミークラスが常識である。ランクが上がったチケットを手にした友人はすっと自分の名刺を出し「この航空会社の宣伝を今後いたします」と揉み手をするかのごとく彼女に愛想を振りまいていた。彼女の仕事は受付カウンターではなく、奥の運航統制室の勤務と知る。

友人を送った後に、彼女がもし時間があればと言ってくれたので、社員用のレストレンにて三〇分ほど話をした。空港の近くに住んでおり、休みは毎週土・日で、今度の土曜日にはダウンタウンの劇場で、日本から来る佐渡の和太鼓の公演があるからと誘われた。

土曜日、約束の会場には、私の滞在しているホテルの支配人に送ってもらった。偶然に近くを通る仕事があったのだ。ホールに入ると日本人も多数いたが、アメリカ人が圧倒的に多かった。英文と和文で書かれたパンフレットを開きながら、彼女は「歌舞伎、能といった古典芸能の公演があると無理をしても足を運びます」と肩を寄せ甘い香りをさせた。

幕が開き、会場に響き渡る太鼓の音が鳴り始めると、思わず息を飲む太鼓のうねりに客席は静まり返っていった。

掛け声以外セリフは一切なく、響くのは小、中、大の太鼓の音だけである。「安寿と厨子王」の悲劇的な運命を太鼓を叩く強弱だけで表現したものだった。

まもなく彼女は気持ちが高ぶってきたのか、しきりにハンカチで涙を拭いている。そのうちに肩を震わせ、まるで嗚咽するように泣

き始めた。客席でも多くの人が鼻をすすり目頭をおさえている。

休憩時間の時に彼女の眼は泣きすぎたのか、真赤に充血していた。「日本の芝居を観る時はいつも涙が止まらないのです」と苦笑して、黒い服の上でぐっしょりと濡れたハンカチをハンドバッグにしまい、予備の紺のハンカチを取り出した。

二部がはじまると、彼女は大きく肩で息を繰り返し、またしても号泣するのを必死に堪えていた。そっと横顔を盗み見すると、頬に涙が次々と溢れ、ハンカチの上にポタポタと涙が落ちていた。

太鼓の芝居より、彼女がそれほどまでに涙を流す原因について少し考えていた。日本を離れ、遠い地でいつも緊張するように仕事をしている毎日から、ふと解放される瞬間がこんな日なのかもしれない。高度に様式化された現代劇に胸を打たれた。

ホテルまであの派手な赤い日本車で送ってもらい、「ちょっと

寄っていきますか」と降りる時に声をかけると、ほんの一瞬警戒する横顔を見せて「また今度」と去って行った。

ロスで仕事をしていて困るのは、出版社から時差におかまいなしに催促の電話で起こされることだった。日本にいた時と違い、原稿やイラストレーションの仕上がりがしだいに遅くなり、国際郵便や取材のフィルムを入れる国際小包の荷造りが停滞気味になっていった。

ホテルには午後二時に、国際宅配便の業者の青年がバイクに乗って、巡回するように毎日やって来るのだが、それに間に合わない時は空港近くの集配所に車を走らせるのだ。ここは六時が日本への発送分の締め切り時刻となる。全て英語で記入する小包の申告書も何十回と書くと慣れてくるが、毎回慌てふためいて駆ける姿を見て、

受付の人はいつも大笑いをしていた。

それでも遅れた場合の最終手段は空港勤務の彼女に泣きつき、便宜をはかってもらった。ただしこれは違法行為ではなく、日本への国際郵便最終への一番の近道であった。

そんな時は空港のレストランで彼女の大好きな、一番上等なお寿司セットをごちそうして頭を下げていた。

彼女がイラストレーターの仕事はどんなことをしているのか興味を持ち、空港から自宅へ帰る途中で電話をくれてホテルに寄っていくことが何度かあった。

大きなリビングのテーブルの上にある、製図用のライトや絵の道具、資料になる折紙の本を見て「こんなものまで日本から持ってきたんですか」と興味津々に覗き込み、「見てもいいですか」とぱらぱらと全国各地に伝わる折り紙の写真をめくり嬉しそうであった。

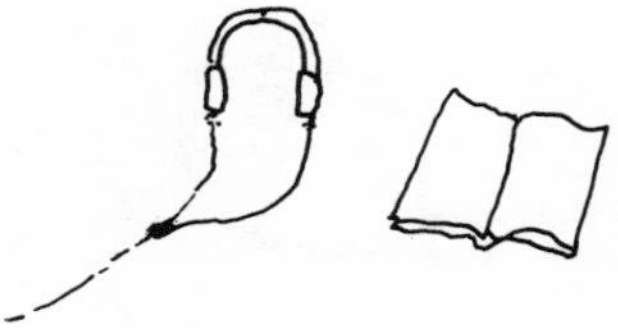

ある時に「英語がもっと話せたらなあ」となにげなく呟くと、「絵描きさんには必要ないでしょう」と言い、大きな水彩用の筆の先で自分の頬を触り、くすぐったそうな顔をしていた。「今度うちのマンションにも遊びに来て下さいね。日本の本がたくさんあるから貸してあげる」と大きな板に水張りをしたロスの海岸の絵を見つめていた。ミニスカートの後ろ姿が妙に色っぽくどきりとした。

彼女のマンションは通勤に便利な空港のそばにある。海岸の近くではなく、サンタモニカに向かう通りに面した三階建ての茶色の建物であった。

ごく普通のロスのありふれたマンションだった。三階の部屋に入ると、派手な車とは異なり、予想していたより地味で、いかにも独

身者といった小さな間取りであった。そして部屋のいたるところが「日本」であった。ガラスに入った京人形、東北のこけし、京都の夏祭りのポスター、そして本棚には夏目漱石、司馬遼太郎、池波正太郎、藤沢周平といった文庫本が重なるように並んでいた。英文の本は一冊も見当たらなかった。

「本が好きなのですね」と言うと、「うんうん」と一人うなずき、京都で育ち、大阪の大学に入り、卒業と同時にロスに勤務して早二〇年とぶっきら棒に言った。コーラを二本冷蔵庫から取り出し、日本語放送のテレビのスイッチを入れると石川さゆりの『津軽海峡冬景色』が映し出されていた。

近くのモールにおいしいサンドイッチ店があるのでと、彼女は厚紙の袋を開けた。

野菜がたっぷり入ったサンドイッチを食べながら、日本の旅先に

ついてあれこれ話していると、いつの間にか仕事の話になり「ロスに長く滞在していると、もう日本では働けなくなる」と自分だけビールを追加した。「今日はアボカドがおいしいの」とナイフを入れると、あたりには新鮮な匂いがした。

　空港の仕事は早朝から夜遅くと勤務時間が長く、「ボスとは年中喧嘩ばかり」と溜息をつき、「アメリカ人は日本の乗客のことなんかなんにも分かっていないし、知ろうともしない」と嘆いていた。

「絵描きはいいなあ。いつも好きな時に旅に出られて」と大きな瓶に入ったピクルスを指で取り出し口にした。

「旅をして食べていければいいけど」と日本人形が三〇分おきにくるりと回る時計を見つめて言うと、「そう、食べていくのはなにをしても大変ね」とすっかり暗くなった窓の景色を見つめながら彼女は言った。

窓からは遠くの高圧線の鉄塔が見えたが、その大きさ形がいかにも巨大なロボットが歩いているようで、改めてここはロスだと感心した。そしてその鉄塔が「絵になるな」とふと思った。

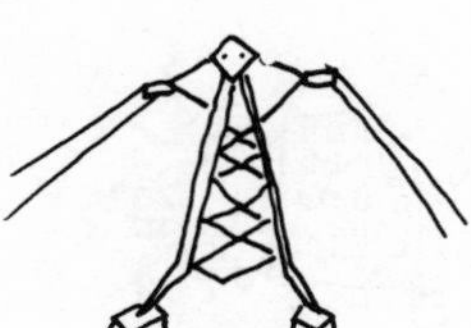

グレートのいた街

ロスアンゼルスの街は犯罪発生率の高い、いわゆる治安が悪い地域が多いといわれている。たしかにダウンタウンの近郊や南のロングビーチの間に広がるエリアでは、ビルの壁が崩れ、絵に描いたような危ない風景が眼に入る。

すなわちネオンが壊れた商店街、空き缶や段ボールが風に舞っている路地、やたらに落書きが多いビル。そしてホームレスや目つきの悪い男が街角に立っている。また、ダボっとしたパンツにキャップを目深くかぶったストリートギャング風なチンピラの若者もいる。

そんな地区を、間違って夜間に車で通ったことがあるが、「ここには危険が充満している」と肌で感じ、二度とその空気感に近寄らないことにした。

そういえば人通りの少ない交差点で信号待ちをしていたら、いきなり後ろのドアを激しく叩かれたこともあった。振り返ると、髪が伸びた老人が笑って立っているのだ。あきらかに麻薬中毒者だ。暗がりで急に大声をあげられ、心臓が飛び出るほどに驚き、信号が青に変わった瞬間車をスタートさせた。バックミラーで確認すると、男はよろけるように車道に出て両手を振っていた。

グレート野坂という怪しげな名の年輩の男性と会ったのは、メルローズ通りのジャズのライブハウスであった。店や客とはもうすっかり顔馴染みになっているのか、会う人はみな「グレート元気にし

ているのか」と気安く肩を叩きあう。小柄ながら眼力が強く、髭面の顔は存在感があり、体中から湧き出るようなエネルギーに満ちあふれていた。

二度目に会った時、「グレートです」とロスの住所が書かれた英文の名刺をくれた。

私はウエストハリウッドのホテルに長く滞在している者ですと頭を下げると、

「ロスは気候が良く、人はフレンドリーで最高でしょう」と大げさに余裕のある笑い方をした。

「一度遊びに来なさい」と言い、さらに小柄な体を後ろに踏ん反り返らせた。

ホテルの部屋に何度かグレートから電話があり、あまりの誘いに負けて、土曜日のまだ陽が高い午後に車で出かけることにした。

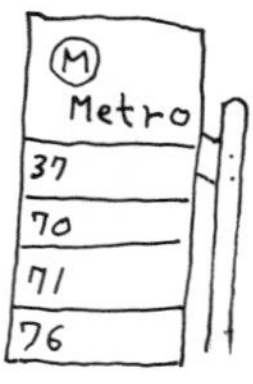

アメリカは住所がわかると、ピタリと目的の所に車で行ける。ロードマップさえあれば、方向音痴の者でもあわてることはない。

それほど治安の悪い地区ではないが、ダウンタウンに近い場所にグレートの建物はあった。窓の格子に柵がついた、いわゆるバーグラーバーがある地域は泥棒の多い場所で、住んでいる人が警戒して入り口にも何重の鍵をつけている。さらにあたりの道端にゴミが散乱しだすと、夜間は気をつけなくてはいけない。

傷んだビルを見上げながら、不安は少しずつ大きくなっていったが、グレート野坂の摩訶不思議な魅力に抗えない。怖いもの見たさもあった。エレベーターのボタンを押し、思わず後ろに人影がいないかを確認する。

それにしても、パリッとハットを被り、上下の背広を粋に着てロレックスの金の腕時計をした人が、こんな古ぼけたビルに住んでい

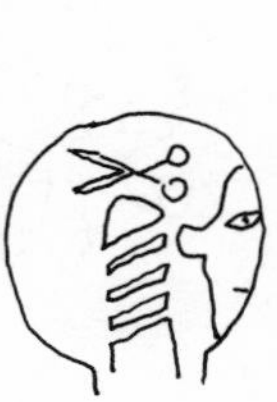

るとは……。

エレベーターが登るスピードの鈍さにあきれてしまった。五階に降りて、部屋をめざしてトビラを指で確認しつつ歩いて行くと、奥の方のドアが開き「やあやあワッハハ」と例によってグレートの明るい笑い声が廊下に響き渡った。

「上から見ていたらちょうどおたくの車が入ってきました。ワッハハ」

室内に入ると、いきなりの畳敷きの居間にまずたまげてしまった。さらになおも驚いたのは、まるで大学生、いや高校生のような幼く見える女の人が、ちょこんと畳の上に正座をして頭を下げたのだ。「この人はフミちゃん。ワッハハ」と言い、彼女は卓袱台の上に日本茶が入った湯呑み茶碗を出した。

やけにだだっ広く感じる部屋には、生活用品はなにも無く、見た

ことのある背広が細い金具のハンガーに吊るされていた。こちらが不審そうに見渡していたのが気になったのか、グレートは「十年ほどここに住んでいた日本人から居抜きで借りている」とまたしても豪快に笑った。

「お客さんが来たから、今日は関西風のすき焼きにしました。さあさあフミちゃん準備をしましょう」

段取りがいい二人である。フミちゃんはエプロンをして、グレートはもう一つの大きな卓袱台を組み立て、電気コンロを用意した。大皿には牛肉やシイタケ、そして豆腐と、関西風というのか、タマネギがきれいに切って並べてあった。

グレートは四合瓶の日本酒を手に壁紙が色褪せたキッチンから満悦至極で現れた。

「車だから飲めないな」と言うと

「まあまあ一杯」となみなみと茶碗に注ぎ「フミちゃんもつきあいなさい」ともう一つの赤い湯呑み茶碗に注いだ。

やけに顔が白い、白いというより青白い顔をしたフミという女の正体も謎だらけである。少女風の女とグレートの接点はいったいどこにあるのだ。この部屋で二人はどんな暮らしをしているのか。

「日本の発展とみんなの健康を祝して乾杯！」グレートの目がなんとも幸せそうに光っている。

こちらは山ほど聞きたいことがあったが、酒をうまそうに口にするグレートに、込み入った事情を聞き出すチャンスはなかった。ところが酒が入り、グレートは自ら話し出した。

私は関西で外国人タレントの興行の呼び屋を二十代から仕事にしており、よくジャズのプレイヤーを招待して大成功をしたが、四十歳の時に大赤字を出し、ある金融取引から何億という莫大な借金を

して、会社も破産し、ヤクザに追われ、離婚して五年前にアメリカに逃げて来た。

そんなことをポツポツ口にした。どこまで本当の話かわからないが、こういう逃亡劇はヘタな極地の冒険話よりおもしろいことは確かである。

「ビザやアメリカの免許証はどうして手に入れたのですか」と尋ねると、グレートは「アメリカのシンジゲートは金はかかるがなんでも揃えてくれるんや」と言い、ワッハハハであった。

次にフミちゃんについてこう語った。

「大阪の専門の美術学校を出て、ロスにデザインの勉強に来てまんねん」と口も軽く次第に関西弁になってきた。

「さあお待ちかねのすき焼きです」と電気コンロの上にはフライパンに入ったすき焼きがいい匂いをさせていた。白いご飯もあるのが

手際良い。

「まるでフミちゃんは奥さんみたいですね」とひやかすと、もうすっかり酔ったグレートは

「ただの親戚の子」と言って二本目の酒瓶を飲み干した。

そしてすき焼きを口にして、その甘さにたじろいだ。関西風のすき焼きはこんなに砂糖を入れて甘く仕上げるものなのか。

「いけるやろう」と彼女と目を合わせ、グレートは満更でもなさそうな顔をしていた。

「フミちゃんは料理が上手で助かるわ」そう言ってふらふらとトイレに立った。

思わず彼女に「怖くない？」と小さな声を出すと「なにが」と言い「その意味がわからへん」とポカンとした顔を見せた。

「どこに住んでいるの」と尋ねると、

「リトルトーキョーの近くの、日本人が働いている美容院の二階の納戸みたいな部屋」とクスリと笑った。

「あの辺は治安が悪くない？　怖くない？」とまた同じことを尋ねると「全然」と返ってきて、こちらが心配していた情報とずいぶん印象が違っていた。

「なにかアルバイトしないと、そろそろ資金も枯渇する」

自分がロスでしている仕事のことを話すと、「車の運転と日常会話の英語はできます。アルバイトをさせて下さい」と言った。

グレートは座ぶとんに座りなおし、

「待てば海路の日和あり」と言ってまたしても破裂するように笑った。

ハンバーガーとホットドッグの国

ロスに滞在して、アメリカ人の食生活がかなり分かってきた。この国が車で発展してきたことを思わせる特徴として、片手で食べるものが多い。すなわちホットドッグ、ハンバーガー、フライドチキン、オニオンリング、そしてコーラのような炭酸飲料。

移動中に片手で短時間で食べられるファストフード店が、街道沿いにひしめきあう。落ち着いてテーブルサービスを受けられる店では、はじめて彼らは炭焼きステーキに両手を使う。

健康志向が強いロスでは、ブームのように自然食品や有機野菜の

店ができてきたが、それに負けるかと肉類の冷凍食品がますますマーケットには陳列されていく。

ロスの人々の運転スタイルといえば、朝はガムを噛んでいるか歯を磨いている。アメリカ人は髪が乱れていても気にしないが、歯の汚れには異常なほど気を使う。絶えずスマイルの国だからだろうか。そして昼は分厚いハンバーガーを、口をいっぱいに開け頬張って、巨大なペットボトルの炭酸飲料で流し込み、どこでも大笑いしている。夕方は業務用のような大きな箱のソルティクラッカーを小腹に入れ、家路につく。

私の長期用のホテルにはキッチンがあるので、できるだけ自炊をして、肥満大国アメリカの生活習慣から身を守っていた。中華料理食材店に行けば、主だった日本の調味料は手に入った。なにしろ、

カリフォルニア米のおいしさは日本のコメを上回っていたので、大助かりである。若い頃から山登りを趣味にしてきたので、簡単な料理は熟知していた。

滞在中、朝に必ず作ったものに野菜スープがある。鍋にコンソメスープの素を入れ、少々のベーコン、タマネギ、ニンジン、ジャガイモ、トウガラシ、ニンニクを半分に切り煮込んだものだ。残った時は夜に肉とカレー粉を追加して、一人用のカレーライスを作っていた。

ステーキやロブスターは最初のうちは感激するのだが、出されるものは全てビッグサイズで、習慣にすると胃もたれを起こし、やがて体調を崩すことになる。

ロスに来た一番の理由は、やはり絵の勉強であった。当初は、時

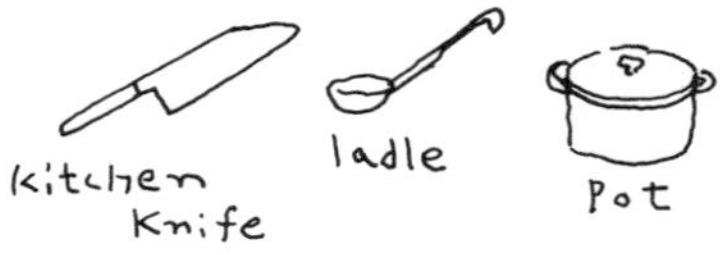

間があるかぎり美術館や画廊をまわり、一つでもいいから何か吸収しようと美術学生のごとく目を輝かせていたが、自分の資質と、表現したい世界があまりにも違い、深い挫折感におそわれ、ホテルの部屋に閉じ籠るようになった。「いったいロスになにをしにきたのだろう」夜になるとそんなことばかりじくじくと考え、バーボンウイスキーのハイボールを飲んでいた。

これまで私が描いてきたイラストレーションは雑誌の小さなカット類が多く、時には五センチほどのサイズの絵を何十枚と描いていた。そんな人間が壁画のような大きな油絵を目の前にすると、打ちのめされるだけだった。

雑誌の小さなカットを描いているうちに性格までが内向的になり、思い切ってロスに来たが、全く逆にますます閉じ籠った絵になるようである。

一日中ラジオから流れるカントリー音楽だけが慰めであった。ナッシュビルに行って憧れのギタープレイヤーや歌手を間近でかぶりつくように見たかった。

ロスで屈折した気持ちを癒すにはテネシー州に行くしかない、そう思うようになった。あの土地でジャック・ダニエルのウイスキーをしこたま飲んで憂さ晴らしをしたい。

私のアメリカ滞在での最大の夢は、南部のメキシコ国境を車で走り、テネシー州のナッシュビルに行くことだ。

ボンヤリと十日間の計画を立てていた。四千キロ近い距離を一人で運転するのは不安である。また車で行くとなると、当然ながら帰りもある。距離は倍となる。

乗り捨て自由のレンタカーを借りて、帰りは飛行機でロスに戻る

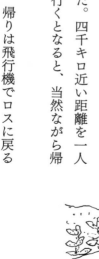

計画を立てた。カタカナ英語しかできない四〇歳のおやじの不安は、壁に貼られた大きなアメリカ地図につけられた付箋に如実にあらわれている。

グレート野坂のマンションで会ったフミちゃんが、ひょんなことからしばらくアルバイトをしてくれることになった。週に三度ほど、午後からバスを乗り継いでウエストハリウッドの私のホテルまでやってきた。

日本にいる時にデザイン会社に勤務していたので、日本に送るイラストレーションの梱包の仕方も手馴れたものであった。

さらに銀行、郵便局、書店、画材店、薬屋、フーズマーケットの買い出しと、車で手際よく処理してくれるので大助かりであった。

小柄で高校生のような幼い顔をしていたが、二十八歳と知り、納得するものがあった。

フミちゃんは私のことをいつも先生と呼んでいた。ある日の午後、例のアメリカの地図の前に立ち「先生ナッシュビルまで行くのですか」と言った。

「現地で暮らしている音楽に詳しい日本人から、クリスマスに招待されているので、十二月の中旬に車で出発しようかと思っている」と赤くマークしている地点を指差す。すると「前からアメリカ南部の横断を車でしてみたいと思っていた」とフミちゃんはポツリと言った。私が思わず「一緒に行く?」とよく考えもせずに言うと、フミちゃんは「先生、行きます行きます」と飛び跳ねた。

「邪魔はしません。運転からホテル、レストランの予約まで、なんでもします」と少し上擦った声を出した。

とりあえず南部のロードマップと、モーテルやホテルのガイドブックをフミちゃんに買って来てもらうことにした。しかし彼女は

首を振り、「購入しますが、アメリカの旅は行き当たりばったりの方がよろしいのでは」と偉そうなことを言った。

旅で使うレンタカー、帰路の飛行機代、ホテル、食事も、二人分となるとかなり負担にはなる。といって、一人で行く勇気もない。

彼女は三ヶ月前にロスからサンディエゴまでの往復を一人で運転したという。しかしそれでも四〇〇キロくらいのものだ。ナッシュビルはその十倍を優に超えるはずだ。

「その時にレンタカーのエイビスの会員になったので、安くなります」

どうもフミちゃんに押し切られそうな気配になってきた。自分の赤い革のバッグを開き、「このカードがあれば保険も割安です」と両手を振り熱唱するように話し続け、「自分の方がアメリカの長距離運転は慣れている」と締めた。

とりあえず十日間の予定でロスを出発した。大型車のクライスラーをレンタルして、メキシコ国境沿いのフリーウェイを走る。しかしすぐに大渋滞に巻き込まれ、初っ端から不運が立ち込める。私はアメリカの道路の悪たれを次々に口にしていた。パームスプリングスの大風車群が見えて来た頃に、やっと車は快適に走り出した。風力発電用の風車が建っていて、無限に続くかのように見えた。

「すごい数だなあ」と私が指差すと「四〇〇〇基あります。このパームスプリングスの土地は砂漠の熱せられた空気と、海からの冷たい空気が重なり合い、いつも風が吹いています」

フミちゃんはまるでアメリカを案内するガイドの口調で言った。

「今夜は遅い出発だったから、エル・セントロの宿になるかな」とぽつりと言うと

「旅は行き当たりばったりがいいのです。人生もそうです」

「人生もね」

「先生、エル・セントロとは、スペイン語で『中心』という意味です。カリフォルニアとメキシコの真ん中くらいの町です」

「フミはなんでも詳しいね」この頃には、フミちゃんから気安くフミと呼ぶようになった。

こうして南部への車は走りはじめた。

エル・セントロに一泊してからアリゾナ州のユマに入ると、いよいよアメリカ南部横断の旅が始まった。

ロスでも同じだが、街から郊外へ出て、それから二〇キロも走ると、直ぐに荒涼たる砂漠の風景が続く。フェニックスから出発し、今夜はツーソンに泊まる。

車窓からは大小のサボテンが林立しているのが見える。少年の頃に見た西部劇映画そのものの風景である。ツーソンまでは約六〇〇キロ。東京から名古屋を往復する距離である。すべて私が運転して、疲れたらフミに交代してもらう約束をする。

ロスから三日目のドライブとなると、しだいに会話もとぎれがちになるが、沈黙は居眠り運転につながる。道路の両側には、もろそうな真っ赤な岩が乱立している。

「お昼は何を食べようか」

「ハンバーガーも飽きてきたしね」

アメリカのロードサイドフードは、山を越えればメキシコという地域であっても、頑固なほど同じメニューのホットドッグであり、ハンバーガーが並ぶ。冷凍された肉が熱い大きな鉄板に置かれる。アメリカ人は冷凍の肉でさえ頑固に焼き方にこだわる。まるで生の

ステーキのようにうるさく注文をつける。そしてフライドポテトを皿の上に山盛りにし、望みが満ちて快活になる。テーブルの上には赤いケチャップと黄色いマスタードが判で押したように並ぶ。やがてメキシコ国境に近づくにつれて、唐辛子ベースのホットソースが増えてくる。そして南部になるほど味はテックスメックス風になる（テックスメックスとは、テキサス州で食べられている、メキシコ風のアメリカ料理という意味）。

どれだけ距離を走っても、風景や場所が変わっても、アメリカは同じ料理が似たような味で出てくる。

日本の駅弁当はその土地にあった弁当を切磋琢磨して、他の駅弁との違いを必死に研究しているのに、アメリカはなぜこうも画一的な料理にするのだろうか。

それはきっと、アメリカが移民によってできた国だからである。

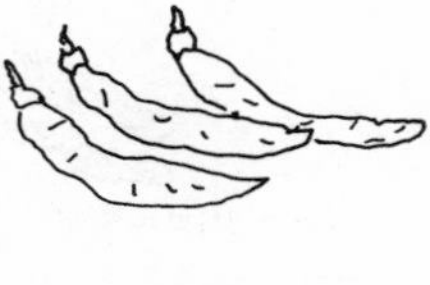

トマトケチャップもドイツ系移民によって生み出された。移民は故郷を捨てて希望の国に渡る。

運転している隣りでフミは、野球帽を深くかぶり腕組みをしてじっと前方を見つめている。どこまでも真っ直ぐに続く道は単調であり、本当にうっかりすると眠りを誘う。

長距離ドライバーには、ガム、ひまわりの種、ビーフジャーキー、カントリー音楽が寄り添う。ガソリンスタンドに入ると、必ず山の如く眠気覚ましの為の食べ物、ドリンク類が積み上げられている。

その日の昼はやはりハンバーガーで、ポテトチップスに大きなピクルス、そしてマグカップの薄いアメリカンコーヒーであった。窓の外は小雨が降りそうな寒い日。食べながら「名古屋の味噌煮込みうどんが懐かしい」とフミがふと口にしたのには笑えた。

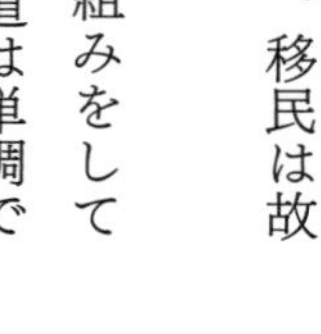

アメリカは南部ね

まるで旅するように、アメリカ人は絶えず移動して生活をしている。サボテンだけの荒野の道を車で走っていると時折、むき出しのギターを背中に、ザックは前に抱え、テンガロンハットをかぶった若者が、道路の横をひたすら歩いている。運転中、バックミラーでその男が小さく消えていくまで見つめていたが、それは南部の映画のワンシーンのようであった。

車のトランクに入れた私のバッグには、ホテル案内のベストウェスタンやホリデイインのカタログが入れてあった。フミは、旅は行

き当たりばったりがおもしろいと言うが、私は心配性である。

宿泊に関しては、その土地で大きなイベントがない限り、問題なく街道沿いのモーテルなら空いているとロスの友人から聞いていたが、やはり予約をしないと不安がつきまとう。


ツーソンとはネイティブアメリカンの言葉で黒い山という意味だそうだ。町を囲むように黒く小高い溶岩に囲まれている。そろそろ宿を決めようとする夕方の時刻、街道筋には同じような建物の、平屋のモーテルが見えてくる。選ぶ基準は建物の外装が痛んでいないモーテルで、フロントの横に小さなレストラがあるのが理想的といえよう。

モーテルの受付には「部屋は空いていますか。チェックインをお願いします」と言い、パスポートにクレジットカードを出すだけで終了である。

私はシャワーを浴びると、いつもその日にあった行動日記をスケッチ帖におおまかに書く。下書きに色鉛筆のみで、すばやく仕上げていた。それから近くのコインランドリーに下着類やシャツを放り込んで夕食となるが、メキシコに近いせいか、豆類を煮込んだものが、肉や魚料理に使われてくる。日本のインゲン豆、金時豆、黒目豆と同じである。さらにナッツ類やピーナッツが入る。挽肉と豆を煮込んだチリコンカンはメキシコを代表する料理と思っていたが、これはアメリカ南部料理であるという。さらに、タコスはパリパリとした固い煎餅と思っていたら、ここでは柔らかいのが一般的とレストランで教えられた。

メキシコのピリ辛サルサソースも日本人の口に合う。なんにでもケチャップをかけるアメリカ料理から離れ、新鮮な白身魚を油で揚げ、やわらかいタコスにスパイシーのソースをかける

と、口にも合うし気分が変わりありがたかった。フミも食べながら体を左右に振り、満足そうに旅の疲れを癒している。

こちらが英語が話せない分、なにかと彼女に通訳をしてもらう。小柄なくせに、体格が倍ほどあるウェイトレスと、腰に両手を置き体を反らして堂々と渡り合っている姿は実に頼りになった。

三日目はツーソンからエルパソまで約五〇〇キロ。面積が日本の二倍と、広いテキサス州にいよいよ入ってきた。町の看板にはスペイン語が多くなり、メキシコ国境の町といった雰囲気が濃厚になってくる。アメリカ南部の実感に酔いしれる。

めずらしく予約を入れたホテルのホリデイインに入ると、ネクタイをしたアメリカ人のビジネスマンがロビーでうろうろしているのが目に付く。

運動することなく、ボリュームの多い料理で満腹にすることが続いていたので、私は疲れが出たのか部屋に入りベッドの中でうとうとしていた。となりのフミの部屋から電話があり「ダウンタウンに散歩に行かないか」と催促されたが断りの返事をした。

エルパソは麻薬抗争でアメリカでももっとも危険な都市といわれている。そのことを電話口で言うと、いつもの「平気平気」がのん気に返ってきた。

体調が悪い時は何も食べないのが一番とこれまでの海外の旅で経験していたので、その夜はそのまま熟睡することにした。バッグの中にクッキーがあるので、小腹が減っても慌てることはない。

翌朝いつもの集合時間の八時にレストランに行くと、すでにフミがコーヒーを前に両手をヒラヒラさせていた。

昨夜はホテルの近くの広場にお土産店があり、メキシコ風の光る

レースが入った布のバッグを買ったのだと見せびらかす。

「ここの土地の人は気質も明るく、フレンドリーでダンスも一緒にした」とご満悦である。

「怖くなかった？」

「全然平気」

アメリカの朝食は、目玉焼きにカリカリのベーコンと決まっている。

「旅は怖がっていてはダメよ。身構えていると、なにも見えない」と言って私の前で目玉焼きにすっと十字にナイフを入れた。

朝食が終わったらすぐに出発だ。


テキサス州は日本の二倍ほどの広さがある。どこまでも真っ直ぐに続く、荒涼とした岩と砂漠地帯のハイウェイを走っていると、地

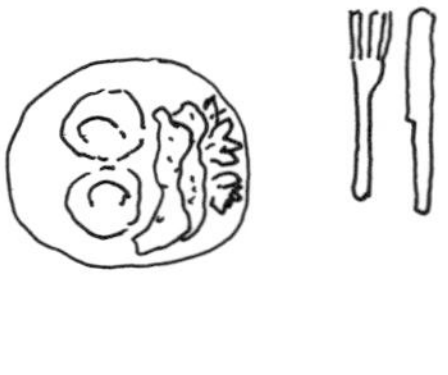

平線と空だけの空間にすっぽりと包まれ、まさに頭がからっぽな状態になる。

カーラジオから流れてくるカントリー音楽には、旅を歌った曲が圧倒的に多いという事実に妙に納得する。

給油するガソリンスタンドにはレストランが隣接している所が多い。ここに来ると、テンガロンハットにウェスタンシャツ、そしてブーツといういわゆる西部劇のカウボーイ姿の格好の猛者たちが、大きなハンバーガーを両手で押さえつけて食べている。

テーブルの上にはテキサスの花、バラに飾られた赤い電話機が置かれ、髭面の男が、職場か、あるいは故郷に残した家族や恋人に長電話をしている。料金は勿論カウントされている。

隣のがたいの大きな男は手帳を取り出し、挟んだ写真を頬杖をついてじっと見つめている。なんだかフォスターの佳曲『ケンタッ

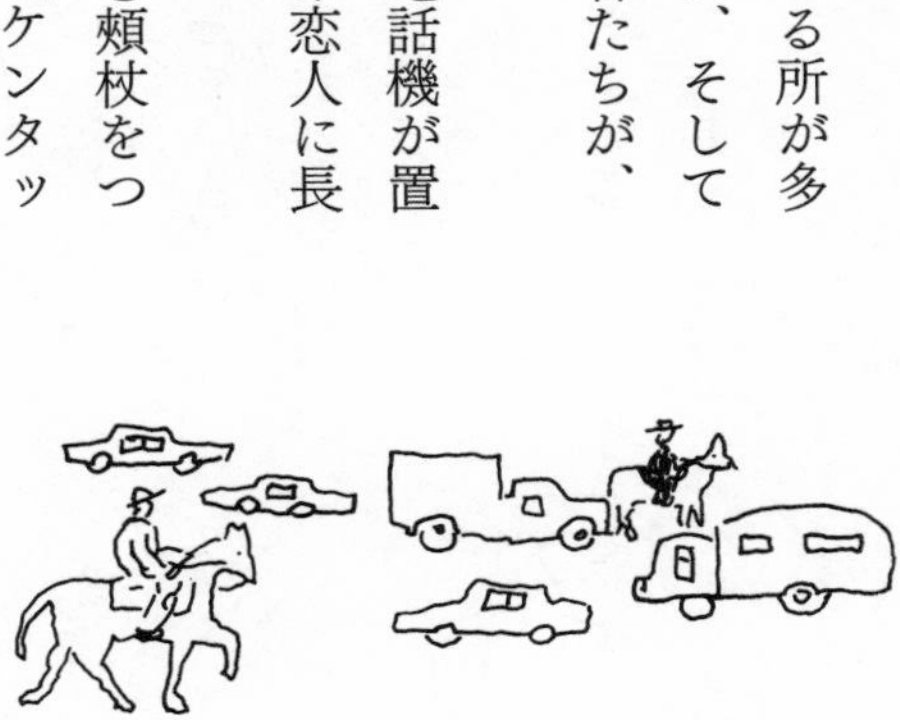

キーの我が家』がどこからともなく流れてきそうだ。

アメリカのコーヒーは紅茶のように薄いと嘆く日本人がいるが、あっさりした味はいくらでも飲めて、乾燥した土地には合っている気がする。やはり食はその土地に根付くものである。ちなみにイギリス人が怒るアイスティーはアメリカ南部生まれで、南部に移るにつれてレモンやミントが入り、砂糖が多くなり甘くなってくる。

トラック運転手がテーブルを立つ際、小さな魔法瓶に、給湯器のような大きなコーヒーマシンで眠気覚しのコーヒーを注ぎ、支払いのチケットをボーイに渡している。そしてテンガロンハットでジーンズの埃を叩き肩をゆすって、巨大なトラックエリアに歩いていった。おそらくまた、長い長いドライブが始まるのだ。

海外で一緒にいて気に障るのは「日本食」にこだわる人だ。そういう人と同行すると面白さが半減する。現地の料理を食べるところが旅の面白いところである。

フミは「アメリカにはうまいものはない」と最初から達観しているので、逆に一緒にいても楽である。

テキサスの首都オースティンの街に入ると、それまでの田舎風のやぼったい建物とは違い、屋根の形が統一されたモダンな建物が多くなる。洗練された都市の風景に驚く。さらには「ライブミュージックの首都」をうたうだけあって、ダウンタウンを中心にライブハウスが連なっている。全米最大規模のテキサス大学があることも影響しているのだろう、街が若い活気に溢れている。

観光案内所の近くのヒルトンホテルに、贅沢に二泊することにした。車の移動の連続で疲労した体を、高級寝具のベッドでぐっすりと眠らせ、疲れを取りたかった。

旅に出ると、早朝から深夜まで、すべてを見るのだと貪欲に探索する人がいるが、私は一歩ホテルの部屋に入ると、あとはカタツムリのごとく籠もるタイプで、荷物の整理やちまちました絵を日記風に描いて満足している。一日を終え車から降りると、「もういいや、もう見たくない」と拒否する力が働いてしまう。

翌日から、二日間に渡ってライブハウスを堪能し、楽器店でグッズ類を山のように購入して、旅の醍醐味とばかりに土地の切手や記念品を抱えた。

一方フミは大学の校内で教科書やノートを購入し、そして古着屋、メキシコ雑貨と青空マーケットに夢中になっているようだった。紺の毛糸と編み棒をどこかで手にして、それからというもの、車の中やレストランで退屈すると一心不乱に編み物をするようになった。「気が紛れるのです」とフミは言った。「将来の不安も編み物が救

います」と、細かくリスのように両手を動かしていた。

オースティンを後にし、サンアントニオ、ダラス、リトルロック、メンフィスと四泊して、いよいよ旅の目的地、テネシー州のナッシュビルにやってきた。天気のよくない日が続き、毎日雨の中を緊張して走ってきたので、ホテルに車を入れた瞬間、心底ほっとした。アメリカの運転に慣れ始めていたとはいえ、ハンドルを握れば気を張り詰めた毎日であった。

いいかげんな日程ではあったが、帰りのロスまでの格安飛行機チケットは、日にちが変更できず、頭の中はそれなりに旅の行程が気になっていた。

それでも、憧れのナッシュビルに来たので気分は興奮状態である。市内のレコードショップ、楽器屋、書店とフミとは別行動をとり、

一人駆けずり回っていた。

最後の日に、日本人のギタープレイヤーがほぼ毎日出演しているというライブハウスにフミと足を運んだ。

昼間から生演奏を聞かせるその店に入ると、浮き立つカントリー音楽が流れている。客はまばらであったが、ステージではバンドの連中が陽気に歌っている。

ナッシュビルで活躍している日本人がこのライブハウスにいると噂では聞いていたのだが、どんなバンドかまったくわからなかった。

やがて、ステージで「東京忍者」と大きくアナウンスされると、黒い忍者姿の男がエレキギターを背中に背負ってスタスタと歩いてきて、何の前触れもなく、早弾きで軽快なポルカの曲を演奏しはじめた。バンドはそれにあわせてリズムを切り出す。

黒ずくめの忍者の扮装をしたプレイヤーは十年前にアメリカに渡った、日本のカントリー音楽の世界では有名な若者であった。「東京忍者」と再び呼ばれると、懐から出した白いギターピックを目潰しのごとく客に投げつけて舞台の袖に喝采を受けながら消えていった。

呆気にとられた私の気持ちは不意に寂しくなり、気落ちした。なぜならバンドの演奏は続いているのに、彼はステージの裏に消え、エレキギターは年配の人に替わり、淡々と弾いていたからだ。

忍者の彼は早弾きの曲を一曲披露し、ピックをばらまき、ギターを置いて、後ろ向きにバック転をしただけで終わりであった。

しばらくして、ステージが第二部になると客も満席近くなってきた。そして進行が半分まで進むとまたもや「東京忍者」と声がかかり、彼が登場してきた。

今度はなんとバイオリンを首にはさみ、テネシー州の州歌、テネシー・ワルツを演奏しはじめた。すると客席からは大きな拍手が続いた。

それが終わると一転して早弾きの曲に変わり、バイオリンを背中で弾いたり、股の間に挟んだりする曲芸に、客席から声援や指笛が鳴りやまなかった。

それまで編み物をしていたフミの手が止まり、ポカンと口を開けて、寝転がって弾いている忍者に見とれて、やがて大きく拍手をしていた。

私がなにか口にしようとしたその時に「素晴らしい日本人。エンターティナーとして一流の人」と絶賛するのであった。私には舞台の上で曲芸をする忍者に、いたたまれないものがあった。本場でめざましく活動しているといわれていたのに、ステージではギターで

はなくバイオリン、しかもテクニックを見せるのではなく、飛んだり跳ねたりしているのだ。

フミは目をキラキラさせて、日本人がこんなに人気があるなんて、と両手を胸にあて声をふるわせていた。

テンガロンハットを斜めに被った司会者は私たちの姿を見つけ「東京・日本」と大声を上げた。フミは立ち上がり両手をあげて陽気に「大阪」と叫んでいる。

私が恥ずかしくていたたまれない気分でじっと下を向いていると、なんと忍者の彼が手拍子をして、フミと同じように私を立ちあがらせようとし、客も手を打ち鳴らすのであった。しかたなく私はホテルの前の土産物屋で買った安物のテンガロンハットを振りながら立ち上がった。

翌日はレンタカーを市内で戻し、ナッシュビル空港へはホテルからシャトルバスで向かった。クリスマスを挟み、毎日のように雨降りが続き、長旅の疲れもあり気分が晴れなかった。

フミはバスの中でも毛糸の編み物を熱心に編んでいる。飛行機の搭乗口を通り、ラウンジに入ってもイスに座りせっせと編み物をしていたが、不意に立ち上がり「野坂おじさんに合うかな」といって紺の編んだベストを私の背中にあてた。そして「丈をもう少し頑張る」と一人うなずいていた。

上昇した機内の窓から外を眺めるが、思い出の道路や町は雲に隠れて何も見えなかった。

旅の思い出は、日常生活に戻った通勤のバスの中で、なんの前ぶれもなく頭に蘇る時がある。逆に旅に出ている間はあれもこれも過密なスケジュールに追いまくられ、疲労困憊で腹を壊したりとロク

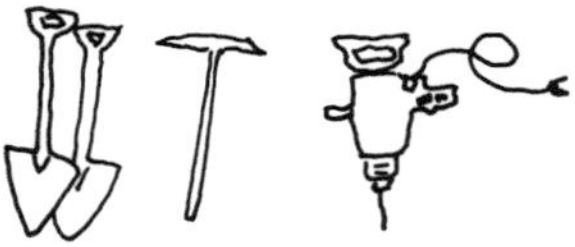

なことはない。

機内は絶え間ない飛行音が流れていて、人々は腕組みをしてうとうとと眠りに入る。するとフミは私の細い腕をトントンと叩き、「アメリカは南部がいいね」そして窓から外を見ながら「この荒涼とした風景がいいのよ」とポツリとつぶいた。

コラム3 旅先で買ったこんなもの

銅製品や真鍮に弱い。小さな急須、筆置き、文鎮、紙ハサミと海外の土産屋で鈍く光る銅や、真鍮の民芸品を見ると、体が傾く。

小さなカエルの置物、スプーン、真鍮がついている古い双眼鏡。

何年かすると黒ずんでくるが、磨き粉でせっせと磨くと元のように輝く。光ったものをじっとみていると、現地の風景がゆるゆると浮かんでくる。

日常的に必要とされるものは少ない。銅は殺菌効果があるといわれるが、青緑色に変色したビールコップは筆立てになっている。

小ぶりのミルクパンは、一人分のスープや牛乳沸かしに利用しているが、妻は変色し、焦げ付いた鍋に冷たい。気がつくと台所の奥の方に押し込められている。

海外から帰った後に、銅のものを見つけると妻は露骨に嫌な顔をする。役に立つものしか彼女は評価しない。考えてみれば、旅もその土産品も無駄なものである。

しかしその悲しい性が定めなき男の旅である。

第4章

旅は道連れ家族連れ

スイスの母娘

家族全員ではじめて海外旅行に行ったのは、スイスのシャモニーである。モンブランの山の麓にある、建物の窓辺や路地裏にも花が咲き乱れた静かな町である。

ジュネーブ空港から列車に乗り換えシャモニーに着いた時は、長旅の疲れで、とりわけ娘はぐったりしていた。一番安い韓国の格安航空便を使用したので、通常の倍ほど時間がかかってしまった。

飛行ルートは成田―ソウル―アンカレッジ―ジュネーブで、しかもアンカレッジでは整備不良のために搭乗までうんざりするほど待

たされてしまった。

一九八八年の七月の終わりから七日間の旅であった。まわりはバブル景気で潤っていたが、我が家は四人でスイスに行くとなると、航空運賃もホテルも倹約するしかなかった。私以外、これが初めての海外であった。

バックパッカーの醍醐味は「お金をかけない旅ほど貴重な体験を積める」ことだといわれているが、家族旅行となると、やはりあまり惨めな旅はしたくない。

海外とはいえ、観光地の食事、買い物はほとんどが指差しで事が足りるため、中学二年生の娘、小学校六年の息子も、一人で自分の好きなおもちゃや土産品を買っていた。

シャモニー駅前のホテルは私と息子、妻と娘で二部屋取ったが、

星が三つあるホテルにしては、ベッドが二つあるだけの狭苦しい室内であった。娘はいつも午前中は体調が悪く、ベッドの中かイスに座ってぼんやりして窓から人々が行き交う通りを眺めていた。

スイスの旅では、家族に私が事故にあった山を見せたかった。その前の年にグリンデルワルトのアイガーを登り、頂上に立ったものの下山の西稜で滑落事故を起こしてしまった。ヘリコプターでインターラーケンの病院に運ばれ、まさに九死に一生を得た遭難事故であった。氷の斜面を滑っていった時ハッキリと自分の死を意識し、岩棚で偶然にも体が止まった時には、涙が止まらなかった。岩に激しくぶつかり全身打撲をしたが、ヘルメットを被っていたのが命綱となった。登攀リーダーがトランシーバーを持っていたので、救助のヘリコプターをすぐに要請することができたのはなによりの幸運であった。

十歳下のリーダーとは、私がフリーの仕事をするようになった四十歳を境に内外の山を何十回と登ってきた。

卓越した技術と穏和な性格で、嫌な思いは一度もなかった。

その彼がやっとのことでお嫁さんを見つけ、遅咲きの結婚をし、「新婚旅行にスイスの山へ」ということになったため、我が家の四人も親父の死にそこなった山を一目見ようということに相成ったのだった。

シャモニーは小さな町なので、三日もいるとおおよその地図が頭に入る。そして氷河めぐり、モンブランへのケーブルカーやリフトと眼の前に広がる万年雪の秀峰に子どもたちも満足そうであった。

娘のからだの調子もやっと良くなり、久し振りの日本レストランでうどんを口にしていた。

娘は背も低く、体も細く少食で、妻の口癖は「もっと食べなさ

い」であった。食事に選り好みはないのだが、小さなお茶碗を使い、息子のようにおかわりをすることはなかった。

シャモニー駅前は町の中心地から少し離れており、閑散としている。

ホテルの前に小さな土産屋があり、モンブランの絵があるエプロンをした人の良さそうなおばさんがいつも店の前に立って道行く人に声をかけていた。しかしみなさん無視するかのごとく素通りしていた。

だいたいどこの土産屋も同じようなものが陳列されていた。モンブランの模型、牛の首につける大、中、小のカウベル、きのこ型のチョコレート、チーズの詰め合わせ、木彫りの人形。

それでも妻はホテルの前の土産屋が気に入ったのか、娘や息子を

つれてよく覗きに行っていた。通りのウィンドウに一列に飾られた紙ねんどの人形に妻は引かれたようで、店の前に立つおばさんにさかんに指差しをして一つ一つ人形を注文していた。

おばさんが「この人形かい」と指差すと、いちいち妻は大きく頭を振りうなずいている。日本円で一つ百円くらいの人形を何十個と選んでいた。教員をしていた妻はおそらく生徒一人一人の好みを思い浮かべながら、店の買い物カゴに入れていった。

選択に時間がかかっているが、店のおばさんは嫌がらずに丁寧に対応していた。人形一つを購入するたびに、妻は両手を合わせ何度もうなずくように頭を下げている。

一緒についてきた娘や息子は退屈して店の外の小さなイスに座り、飽きた表情をして尖った峰を見つめていた。

娘は小さな声で「お母さんはいつも時間がかかるのだから」と膨

れっ面をしていた。

生徒全員の人形を買い大きなビニール袋を両手に店から妻が出てくると、娘は「お母さん。頭をあんまりペコペコ下げない方がいいよ」と怒ったような声を出した。妻はそんなことを言う娘にちょっとびっくりして「そんなぁ」と眉を曇らせた。

ホテルに戻り、ロビーの大きなテーブルで妻はもう一度紙袋に包み人形を分類していた。

シャモニーにも日本人観光客が多く来ていたが、遠くから見てもすぐに日本人グループと分かる。服装が地味で歩き方の姿勢が悪く、言葉が出来ないせいか、店に入ってもたしかに頭を必要以上に下げる。生まれた時から日本人は、まるで欧米人にコンプレックスを持っているかのような仕草が身についていた。

娘ははじめて海外にきて、そんな日本人の姿に感じるものがあっ

たのだろう。だから妻にも「ペコペコしないで」と言ったのだ。私は妻の控え目な振る舞いを十分に知っているので娘に「日本人のいいところは謙虚で奥ゆかしいところ」とロビーの大きなイスに座って余計なことを言うと、娘は立ち上がり腰に両手をあて「買物をする時まで頭を下げるのはおかしい」と癇に障ったような強い口調で言った。

ハワイ島の夕日

ハワイ島に何度も出かけていた時期があった。ハワイ島は諸島の中でももっとも大きな島で日本の四国の半分ほどの広さを持ち、通称ビッグアイランドといわれている。四千メールを超す山が二つあり、火山活動が活発なキラウェア山からはいつも赤い溶岩が吹き上がっている。

知人の別荘が観光地で有名なカイルア・コナにあり、きちんと管理をしてくれるなら、いつでも利用して良いということになり、私は友人や娘を誘い何度も滞在していた。そのお礼として家の掃除や

庭の剪定に業者を入れて充分に気を使い、より住みやすくしていた。

自分の仕事に便利だからとFAX機器やイス、絵を飾る大きな額を持ち込み、主人の留守の間に、しだいに室内は変化していった。

娘は美術大学に入り、それまでの受験のためのデッサンから解放され表情も明るくなっていた。口うるさい親父のいる家から離れ、大学の近くの妻の実家に居候することになって中型バイクで通学していた。

私が何度かハワイ島に行っているのが、娘は羨ましくてしかたがなかったらしい。ハワイ島の天候は日本の夏よりからりとしており、年間の平均気温も26℃前後と過ごしやすかった。

そんな夏に娘に声をかけた。

出発前にパスポートと車の免許証を忘れないようにと念をおした。ハワイ島では日本の免許証がそのまま使用でき、身分証明書として

なにかと役に立つ。

現在はハワイ島へは直行便が飛んでいるが、その当時はホノルル空港で国内線に乗り換えていた。

ホノルルでちょっとしたトラブルに遭遇した。空港に到着してまもなく、これまで何度も通った入国審査に向かった。親子だからと二人そろってパスポートを手に、気軽に審査官にパスポートを渡すと、なんと娘の手を指し、険しい顔をして英語でなにかをまくしたててきた。意味が分からずポカンとしていると、日本語ができる年配の女性の係の人がすばやく飛んで来て「伝染病じゃないですよね」と娘の赤くはれ上がった手を指した。

娘は幼い頃から食べ物アレルギーが強く、乳酸菌やクルミ類を口にすると体中がかゆくなり、手も腫れ上がることがしばしばあった。

私は、機内で食べたものでおそらくアレルギー反応を起こしたと

手短に説明すると、女性の担当者はカバンから書類を取り出し、滞在先の住所と電話番号を記入させられた。

無事にスタンプが押されたが、審査官の冷たい態度に嫌悪感を覚えた。そして入国審査官は何も見ずただ無心にパスポートにスタンプを押しているのではないのだと認識をあらたにした。

空港の到着ロビーの外に出ると、青い空と風にゆれるヤシと、チョコレートとココナッツミルクをまぜたような甘い匂いがした。ハワイ島への乗り換えターミナルへは五分とかからなかった。

娘は入国審査のことでやはり動揺をうけたのか、国内線の乗り換え待合室のベンチに座っても表情が暗く無言であった。私が明るく「おこずかいは持ってきたの」と言うと「おばあちゃんが五万円くれたから平気」とつぶやき、それから「ホノルルの治安も厳重ね」と言った。二人組の警察官が犬を引き連れ、なおかつ自動小銃を肩

から下げて辺りを厳重に監視していた。

カイルア・コナのレンタカー会社には前もって予約を入れていたので、日本の免許証を取り出し、保険証にサインをするとすぐに車のキーを差し出した。

はじめて来た時に国際免許証を出すと首を横に振り「ドメスティック」と言われ驚いたのを思い出した。

一年ぶりの別荘はやはり木が鬱蒼と伸びていた。室内は行く前にいつも現地のメイドさんに掃除をたのんでいたので空気も淀んでいなかった。ベッドの上に赤いハイビスカスの花が一輪置いてあった。

娘は各部屋を覗きに行き、広い居間から海が見える風景に「いいわ、いいわ」と感嘆の声を上げていた。まるで自分の別荘のように自由に使っている私は「このイスは丘の上の骨董屋で見つけた」と

飴色の木のイスを揺すると「あっお父さんの絵もかかっている」と壁にかかった海岸の絵を体を左右に揺らしながら眺めていた。

予想を超えてハワイの気候が娘の体に合っているのか、次の日から市内を赤い50ccのレンタルバイクで乗りまわし探索し、小さなメモ帖に気になる店をびっしりと書き入れていた。

大型の食品マーケットに行き、売場に日本食の豆腐や納豆が陳列されているのを見ていたく感激して「もうここにずっと暮らしたい」と興奮気味であった。

夕食は娘がサラダやカレーを作り、外食はできるだけやめて家で自炊をすることにした。

外食となるとどうしても肉が中心になり、娘の体調がおかしくなるのであった。私にしてもハワイに来てまで湯豆腐に薩摩焼酎とはなさけないが、カリフォルニアワインもアメリカのビールも口に合

わなかった。

一週間を過ぎて帰る準備をしだすと「おばあちゃんにはかわいいアロハシャツを、お土産にするんだ」と生き生きした表情をして、大きな亀が見られるビーチの近くのショップに入り、あれこれとプレゼント選びに余念がなかった。

最後の夕方に一向に娘が帰ってこないので、少し心配になり、海岸の近くのマーケットに車で捜しに行ったが、どこにも娘の赤いバイクは見つからなかった。

「あっ、もしかしたら」と古い飛行場に回ってみることにした。今は広い土地を利用して自動車免許試験場になっていたが、それ以上に夕陽を見るポイントとして現地の人にも人気が高く、家族や恋人同士が肩を寄せ合い、海に沈む夕日を見つめている。

車でゆっくり広場に入って行くと、娘がいつも乗っている赤いバ

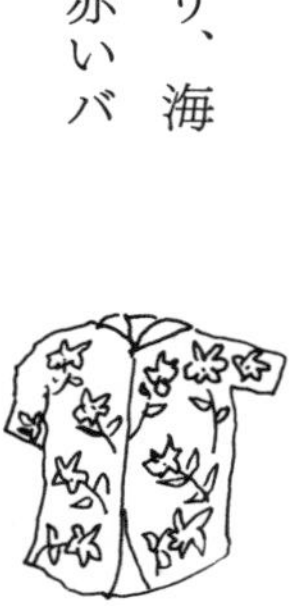

イクがあり、買い物カゴにおそらく土産のアロハシャツが入っていると思われる紙袋があった。

遠くに、細い体をした娘が落ちていく夕日をじっと見つめている姿があった。中学生まではクラスで一番背が低かったのに、高校生になるとぐんぐん背が伸びてきた。父親に似て、手足が細く頼りない体をしているが、娘はバイクで遠出をしたりして中学生の時とは違い、体力には自信をつけていた。

夕日が沈むと人々は満足そうな表情をして解散となり無言で家路に就く。娘はなにを思い、夕日を見つめていたのだろうか。

まわりの者が帰って行き、しだいにあたりが暗くなりかけても娘はまだ海をじっと見つめていた。

娘の名を呼ぶとぴくっと体を震わせ「あっ、お父さん来たんだ」と言った。

「少し心配になって」と車の方に向くと、「平気よ」と娘が言ったが、眼には涙を流したような濡れたあとがあった。

「じゃあ、先に行くね」と車に戻りエンジンをかけると、白いヘルメットをかぶり赤いバイクに跨った娘がこちらに大きく手を振り、出発の合図をした。

ゴミ穴にサヨウナラ

ハワイ島に何度も行くようになるにつれて、観光地よりも、サトウキビ、コナコーヒー、マカダミアナッツ農園や工場跡地などを利用した、カフェやレストランに寄ることが多くなった。

日系二世や三世が働いている土地には旅情を誘う、古き良きハワイの町並みが残っており、「キムラ」「オオシマ」といった日本名の看板を掲げた雑貨店もある。そんな店を見つけると思わず車を横付けして、なにかないかと古い薬瓶や色褪せた絵ハガキなどを物色してしまう。

滞在している知人の別荘の裏手を見上げると、ファラライ山の緑の裾野が広がっている。頂上は二五二三mでその中腹の一〇〇〇m前後の高さに、お腹を巻く帯のようにコーヒー園が細長くつながっている。

そこに一昔前のコーヒー焙煎工場の跡を、アートスクールに改造した教室があり、ここに行くようになってから、絵を描く時間が多くなった。生徒は年寄りのリタイア組、いわゆる年金生活者で、水彩、油彩、彫刻と各自制作に取り組んでいる。

先生はカリフォルニアから移住して来た、元美術大学教員。七十代の温和な人物で、生徒が筆を止めて思案にくれていると「ここにポイントを置いて描いたら」と、そっとアドバイスをして自分のキャンバスに向かうのであった。

意外なことに、ただ趣味で絵を描いているだけではなく、生活の糧にしているところが、この教室のすごいところだった。海通りの画廊に生徒の絵が飾られ値が付けられている。それも日本人からするとかなり高い設定になって、しかも本土のアメリカからの観光客が多いので予想外に売れていくのだ。売り上げの10%はスクールに入る仕組みになっていた。

売れていくのはやはり海の風景や派手な色彩が強い花の絵であった。

教室には月々の月謝はなく、入学する時に運営費を払い、使用するたびにわずかなコーヒー代と称して受付の日系人のおばさんに支払う。律儀に毎回大きなスタンプを押した領収書をくれるのもうれしい。

この領収書は行くたびにくれるのですぐにたまる。したがって一

週間行くと七枚ということになり、何度もハワイ島に通うようになってからは領収書が膨大に増えていき、その領収書の脇に買物や行動を書いていた。

だから旅を振り返る時の唯一の日記ともいえる。

娘がアートセンターに来たのはたしか、二度目の旅の時である。大きなスケッチ帖と水彩道具を持ち、楽しそうな足取りであった。

私はヤギが屋根にのった古い看板のあるナッツ工場跡が気に入り、その日も写した写真を手に作品として完成させようと水彩画に専念していた。

スクールの前の道路を挟んだカフェを娘はスケッチしていた。元はやはりコーヒー関連の作業所跡で、古い施設を現地の若い連中が手作りで改造させたものだ。

美大に通っているだけに娘はスケッチは早くて的確であった。先生はその下絵を見て驚いていた。私の絵にはなにもいわないが、娘の肩に手を置き「ワンダフル」と上機嫌であった。

ハワイ島に来て娘は今まで見せたことのない晴々した表情をしていた。肌が弱いので海岸では泳がず、日陰でバスタオルを頭に巻き、絵を描いていた。

どこの海岸も白い砂浜は少なく、黒々とした溶岩で覆いつくされ、日本の海水浴のように素足で海に入る時は注意しなくてはならなかった。

娘がさらにハワイ島の生活を気に入ったのは車を自由に運転できることだった。

レンタルバイクでは遠出が難しく、広大なハワイ島の醍醐味は味わえなかった。火山活動が活発な真っ赤に染まったマグマを目の前

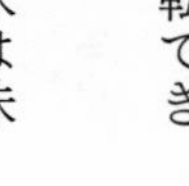

で見た時の興奮はハワイ島の最大のイベントであった。車を運転する娘の横顔は自信に満ちていた。

島の温暖な風、どこに行くにも渋滞することのない道路、日本食レストラン。娘はこの土地が気に入り、おだやかな笑みをいつも浮かべていた。

町の中心地に移住のための語学教室があり、英語をわずかな授業料で習うことができる施設を娘は見つけ、近いのでバイクで通いだした。そして行くたびに買物の挨拶や日常会話と英語がみるまに板に付いてきた。

ある時夕飯を食べていると、娘が両手をふりながら嬉しそうに話し出した。

「チェコから来た中年のおじさんが『お名前は』と先生に聞かれて

も、顔をまっ赤にして荒い息を吐くだけでうなっていた」と言った。

また、教室の前に時計を表す大きな紙の針があり、次々に生徒を指して答えさせていくのだが、そのチェコの人はやはり体を震わせているだけで一つも答えられないのだと大笑していた。

「お父さんもぜったいそこに行って英語を話せるようにしたほうがいいよ」と胸を張るのだった。

おかしな事に、娘はそのチェコから来た人と授業の後にいつもお茶をして、相手はひとことも英語が話せないのに、プラハに居た時はカットグラスの職人で、ハワイ島のガラス屋に職を見つけたなどと聞き出しているのだ。娘の英語力もおそまつなものだが、絵が描けるので、スケッチ帖を見せてあれこれ通じ、なにやら一人納得しているようだ。

別荘にいて困るのは、ハワイ島ではゴミの収拾車が日本のように来ないことだ。溜まると車のトランクに詰めて丘の中腹の大きな穴にほうり投げていく。

マナーを守る人は瓶の類や金属は分類の大きな箱に入れていくのだが、現地の人は無造作になんでもかんでも掘った穴に放り込んで去っていく。

監視人がいつも入り口の小屋にいるのだが、まったく注意することなく無法地帯で、行くたびに穴が次々に横に移動し、前の穴はその上からブルドーザーを使って土や溶岩でおおうだけであった。

日に日に穴のゴミが増えていくので足元がおぼつかなく、気を付けないと崩れる時がある。また、ここで気をつけたいのは、ビニール袋に入ったゴミなどを思い切って遠くになげようと力むと、自分の体も持っていかれてしまうことだった。

雨が降った後は特に泥とゴミでぬかるむため、穴の手前で捨てて行く人が多く、これも強烈な匂いでめまいがする。

別荘から帰る前の日は生ゴミをチェックして徹底的掃除をして、余分なものをすべて捨てていくことにしている。

倉庫には知人がこの家を中古で購入した時に、前の居住者が残していった食器類やタンスといったものが山積みされていた。それを処分してくれと頼まれていたのだ。

ここは無料で宿泊させてもらっているので、できるかぎりのことをするのが仁義である。

車に積める分だけの荷物を乗せて捨てることにした。二度ほど娘の運転でゴミ捨て場を往復し汗だらけになっていた。娘は新しい中型の旅行トランクを買ったので、滑車が壊れた古いトランクは一緒

に捨てていくことにした。

夕方、大きな穴の前に立ち、トランクを両手で持ち「サイナラ」と大声をあげて空中にほうりなげた時にバランスをくずし、娘はなんと足をすべらせ穴の中に落ちてしまった。落下した場所は手を伸ばせば届く距離であったが、こちらもひきずりこまれる危険があった。娘の顔はひきつって、強い異臭で息をするのがやっとの中で「上がれない」と叫んでいた。

白いヘルメットをかぶり近くで作業をしていた監視員に向かって両手をあげて、私は大声で助けを求めた。こういう事故が時にはあるのか、大きなジュラルミンの梯子をすばやくかかえて娘の横に降り、梯子を支えた。まずは娘が眼をつり上げ登ってきた。

何度も娘とお礼を言うと「気にするな」と手を横に振り入口の小

さな小屋に入っていった。

「ああよかった」と私がため息まじりに安堵の声をあげると「お世話になったトランクにありがとうを言わなかったから罰が当たった」と娘は放心した顔で言った。

旅が終わり、青春が終わった

時とすると、人は同じ場所に何度も出かける時期がある。ハワイ島へは五年の間におそらく数十回は通った。温暖な気候に明るい空、町のゆったりした開放感がなんともいえなかった。低層なフラットハウスが続く道を車で走っていると、狭い道路と信号機の多い日本の風景が遠のいていく。

ハワイ島のまばゆい光が強い分、影も長く広がっている。丘の途中の日系人が住んでいる農園のまわりには、木造の古びたトタン屋根の家が木々に隠れるように点在していた。

そんな家を見ると車を止めて、家の人に了解を求めてまわりの写真を撮る事にしていた。絵の参考にしていたのだ。

丁度その当時は、山の風景を描いた卓上のカレンダーを毎年、出版社から頼まれて出していた。

山の絵といっても山をメインに描くのではなく、風景の中に、遠くに山を入れることで旅情を込めていた。年末から新年にかけてハワイ島に行く回数が増えるにしたがい、なにかの際のお礼にと小さなカレンダーも袋に入れて持参していた。

そのカレンダーを日系人の人に手渡すと「懐かしい日本の風景」とたいそう喜ばれ歓迎された。

フアラライ山に向かって三十分も車で登って行くとアートスクールがあった。だがそこの生徒や先生にカレンダーを渡すことはしな

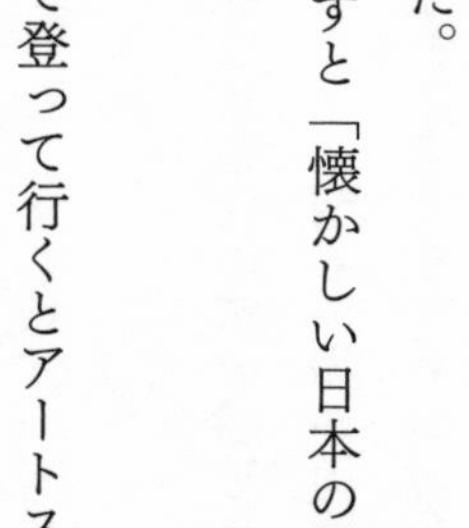

かった。

「こんな男の絵でもカレンダーを出すような、日本は甘い国か」と言われる気がして隠していた。

絵の先生は私が好んで描いている地味な日系人の家の絵をまったく評価していなかった。多くの生徒のように、明るい海か街路樹の並ぶヤシ通りのいかにもハワイらしい絵を描くよう勧めるのだった。だが在り来りの風景やクジラやイルカが泳ぐ絵に私は強い違和感を持っていた。

ハワイ島に娘が来た時は、一緒にアートスクールで絵を描くのだが、他の生徒のように絵ハガキ的な、ヤシの木の風景を娘が描かないのが救いであった。

パリの版画工房で二十年前に一ヶ月ほど作業をしたことがある。

日本人の留学生が、強い影響を受けたのだろう、そのままピカソ風の絵をなんの疑問もなく描いているのには呆れてしまった。パリの美術館でゴッホ、ゴーギャン、セザンヌ、ロートレック、マチス、ピカソ、ムンクと強烈な構図と色彩に出会い舞い上がり、あるいは畏縮するのはわかるが、人は育った風土・時代から離れて生きていく事が出来ないのだから、パリに来たからといって、自分の絵を変える必要はない。マチスの模倣なら日本に居ても出来るはずである。

影響されるのは良いが、普段は絣《かすり》を着た人がフランスから帰ってくると艶麗なまっ赤なドレスで突然現れる違和感と似ている。

私は油絵などのタブロー画家より、控え目なさし絵画家、育った風土の滲み出たイラストレーターの絵の方が好きであった。

人は永遠に旅を続けることが困難なように、知人の別荘も終焉を

迎えることになった。家の傷みがひどくならないうちに売却することにしたのだ。持ち主の家族も遠いハワイ島にこれから何回来られるかと考えると、早目に家を売りはらう方が負担にならないと決断した。私にどうかと相談されたが、財布の底をはたいても別荘を購入する資金はなかった。

最後の家の片付け、掃除を頼まれてカイルア・コナの空港に娘とやってきた時はいくらか淋しかった。

「破棄できるものはすべて捨てて欲しい」と別荘の主人にいわれてやってきたのだが、眼をつぶって意を決し、とりあえず無駄なものや主人や夫人が残していった衣服類から、大きな穴のあいたゴミ捨て場に放り込むしかなかった。

私が来るたびに持ち込んだ書籍やギターなどは現地で知り合った

若い日本人にさしあげた。来月には建物や土地を明け渡すことになっていたので、手っ取り早く動くしかなかった。正月明けから一週間の予定で来ていた娘の手も借りて、毎日大きなゴミ袋とダンボール箱に無造作に詰め込んだ。あれこれ考えている暇はなかった。自分が描いた額入りの水彩画を置いていくわけにはいかない。リビングや寝室にあったガラスの額から絵だけを取りはずす時はさすがに胸にひびくものがあった。

絵を取り去った額はまだ新しく充分に使用できるので、マーケットの近くの中華料理店の主人に声をかけると両手を上げ受け取ってくれた。

古いアンティークのイスは隣のアメリカ人に引き取ってもらった。

別荘は元々家具付きの家なので、余分な物は少ないが、クローゼットには別荘の主人の子どもたちが海で遊ぶ浮袋や灯台の模型

セットなどが手付かずで入っていて、捨てようと手を伸ばすたびに心が痛んだ。

娘はそんな私の気持ちが分からないのか「とにかくどんどん捨てましょう」とハワイの空のごとく明るく歌うように台所の片付けをしている。調味料類も捨ててしまったので食事はすべて外食となった。


ハンバーガーのおいしい海岸のオープンテラスの席に娘と座っていた。短パンにタンクトップ、そして大きなリュックサックを背にした、男女の若い三人組のアメリカ人がおそろいの麦藁帽子をかぶり、大股で歩いてきた。

娘が「どこに行くの」と声をかけると「キャプテンクックの記念碑」と両手を振っていた。徒歩となると夕方までに着けるのだろう

か。

「アメリカ人のあの陽気さが国民性なのかな」と私が言うと「きっと日本人ならうつむきかげんに、それも山登りのような地味な服装ね」と言い、ベタベタと手に付いたケチャップを紙のナプキンでぬぐっていた。

そしてひと呼吸して「別荘にある炊飯器使っていいかな」と突然思いもよらないことを言った。

「それをどうするの」と返事をすると

「うーん、実はコンドミニアムに一人でしばらく滞在しようと思って」と布の手さげから手帳をとりだした。

私が別荘の整理に大奮闘している間に娘はレンタルバイクに乗って、海岸通りにあるコンドミニアムの見学に行っていた。長期滞在できる安い部屋を調べていたのだ。

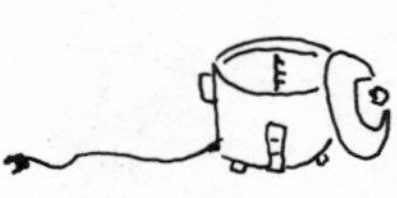

「卒論のレポートと絵を仕上げたから春まで二ヶ月はここにいたい。ここの気候が体にすごく合っているから」

「二ヶ月も」と私は声を上げた。

娘は妻と何度か電話ですでにやり取りをしていたのだ。そして前から準備をしていたのか、ハワイで使用できる銀行カードとクレジットカードを用意していた。娘が気に入ったというコンドミニアムを覗きに行くと部屋は三階で窓には海が広がっていた。ただ予算がかけられないためかベッドがポツンとあるワンルームの狭い室内であった。小さいキッチンがあるので心が動いたそうだ。

町の英会話教室とアートセンターにレンタルバイクで移動するのだと、快活に夢見るように娘は話す。

帰国の日、レンタカーでカイルア・コナの空港まで走って行くと、後ろから娘のバイクが付いてきた。大きなトランクにダンボールと、

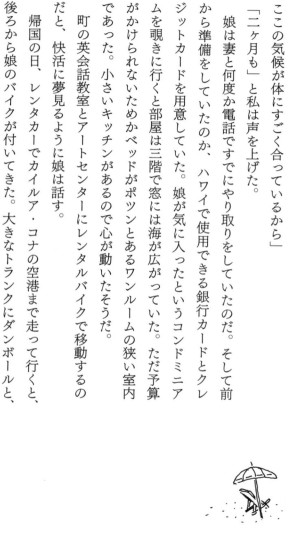

帰りの荷物は完全に追加料金が取られる重さであった。空港のカウンターではオーバーした荷物でやはり一悶着があったが、「お金がない」とひたすら謝り無事に荷物は通過した。

地元の手近なスーパーで買った白い野球帽をかぶった娘に、別れの言葉の代わりに「お金は平気か」と声をかけると「銀行カードがあるから」と笑っていた。

機内に入ると、すぐさま飛行機は上昇していった。右手にファラライ山、マウナケア山が裾野を青く延ばしている。

五十代半ばの遅い青春がこれで終わったような寂寥につつまれていた。ハワイ島を白く囲むような海岸線を、窓からぴったり顔を近づけて忘れまいとじっと見つめていた。

パリでの決断

娘がオーストラリアのブリスベンに語学留学したのは二十代の半ば過ぎであった。海外で働く夢をと、英語の勉強のために一年間学校の宿舎に入った。

夏休みに妻が慰問に行くと、空港にレンタカーで出迎えに来て、一週間ほど滞在して町や学校を案内してもらったが、流暢な英語を話す娘の姿に妻は驚き、学校や日常の暮らしに安心をしたと帰国した。

やがて数年して、スイスのチューリッヒの美術大学に入った。百

人ほどの大きなシェアハウスでやっと自分の進むべき方位を決めたようだ。

チューリッヒには画材やデザイン道具が少ないために日本を出発する前はいくつものダンボールを船便で送っていた。

そんな中に、なぜか自分の幼い頃の写真が入ったアルバムをそっと忍ばせているのをたまたま見かけた。

娘は海外にいる間はこまめに連絡をしてくる子ではなかった。妻があんまり音沙汰がないので心配して電話をすると、いつも笑って「もう子どもじゃないから」とつれない返事が返ってくるのであった。

チューリッヒの冬はいつもどんよりした曇天で風も冷たく、一人でいると心細くなる。そんな時は買物の時に役に立つだろうと購入した中古の自転車で気晴らしに出るそうだ。スイスの列車には自転

車ごと乗れる客車があり、そこで旅行好きな海外の若者と知り合いになったりする。本当はオートバイが欲しいが、維持費や駐車代が、日本と比べるとあまりにも高額なので、断念した。そして気に入ったレストランで外食をすると日本の三倍もする食費の高さに正に震えあがるそうだ。スイスの物価はなにもかもが高いが、大学の授業料は日本の十分の一ほどであった。

妻は娘の好物のシャケの缶詰や海苔といった乾物類をせっせと定期的に送っていた。

学校ではデザインの授業を受けているようだが、宿題が多く毎日挫けそうだと妻に訴えていた。

それでも日本語教師の資格を持っているので、スイスで生活している日本人の学校で働きたいと方向転換も考えていたようだ。

ただ日本語学校は破格の安給料なので、先行きが不安になるが、

デザインの仕事を現地で見つけるのはこれも不可能に近い。学生の時はなにも感じないが、いざ職を探そうとなると、更にアジア人に対しての偏見がまともに吹き出してくる。

彼女はスイスに行ってはじめてアジア人に対する差別を強く感じたらしい。自転車でチューリッヒからだいぶ離れた村に行くと、店の人は初めて日本人を見たのか、「あなたはどこの国の人」と不審そうにじっと顔を見て「中国人」と何度も言われた。「日本から来ました」と言うとなんと自転車を指さし「それに乗ってここまで来たの」と訳の分からないトンチンカンな会話をドイツ語で話したそうだ。

その頃私はパリの4区のリュクサンプール公園の近くにアパルトマンを一ヶ月借りて住んでいた。版画工房には、文学や芸術をめざ

してパリにやってきた連中だらけだ。私のように年寄りの自称フランス放浪詩人も現れ、持ち寄った料理やワインで毎夜工房で盛り上がっていた。

日本人は何年もパリにいてもフランス語はおそまつなものだった。指差し会話から一歩も出ることはなかった。中にはすでにフランスの生活保護を受けている人もいた。

根無し草のように暮らしパリに居ても、この土地は寛大に受けとめてくれる土壌があり、しかもその層が深い。といってもおよそ五年周期で人々は動き、日本に帰るか別の国に移り漂うように社会の底辺で暮らしていく。

私の結論は、旅も留学にしても目的が終わったら早目に母国に戻り、そこで元の学校か新しい職場できちんとした仕事を見つけるのが先決だという事である。

版画工房で制作して何年も日本に戻らない四十代後半の青年が酔って「半年パリで生活、半年日本が理想」と大きなことを言った。それまで仲間はなごやかにパリの夢のような話をしていたが、しだいに酔いがまわり、私が言った「そんなの無理だよ」のひとことで一気に空気は険悪になってしまった。「なにが無理なんだよ。両方で仕事ができたらいいじゃないか」と青年の眼は赤く染まりはじめた。

その時は偶然工房に、娘がスイスからパリに遊びで来ていた。娘は酒は飲まないので、料理の皿や酒ビンを片づけながら腕組みをしてじっと下を向き、話には加わらない。

その夜はみんな酩酊してしまい、私もいつもの酒癖の悪さを露呈してしまった。

次の朝にキッチンで娘は冷静に私に注意をうながした。「みんな夢を持ってパリに来て、嫌なことも経験してきた」「だから相手を攻めるような言葉は慎むのが大人の態度」「むきになって若い人との言い争いはみぐるしい」

娘の言葉が一つ一つ身に染みて、こちらは頭を垂れるしか方法がなかった。

次の日から娘はパリのデザイン会社や日本語学校に挨拶訪問をした。

ある日本の宗教団体が日本語の先生を求めていたが、それはボランティアの無給が条件であった。さんざん歩きまわりパリの知人にも当たったが、働ける場所は日本料理店かホテルの下働きしかなかった。

積極的に日本人の多い語学教室や旅行会社にも回ったが、アルバイトでも無理という返事に娘はある種の覚悟を決めたようだった。あと一年したらスイスから日本に戻るという決心をした。

スイスに帰る途中の地下鉄の駅まで、送っていくことにした。少しまとまったユーロの現金を渡すと「助かるな」とさびしそうに笑って「お母さんと仲良く暮らしてね」と言った。家にいる時はなにかと喧嘩がたえない夫婦に娘はうんざりしているところがあったのだ。

セーヌ川の橋の袂

パリの16区のフランスラジオ局の近くのアパルトマンに一ヶ月ほど滞在したことがある。五十代の半ばで、いくらか新しい仕事にチャレンジしたかった時期でもあった。

それまでサン・ジェルマン・デ・プレ教会の裏のホテルに何度か泊まったことがあったので、パリ市内の地図は頭に入り、地下鉄も自由に乗り降りができるようになっていた。

けなげにも、その時はホテルの近くのフランス語教室に通い、「ボンジュール」「メルスイ」といった簡単な挨拶をいじわるなフラ

ンス女性教師から習っていた。

丁度その少し前から銅版画に夢中になっており、版画中心の個展を繰り返していた。熱に浮かされたように都内の版画工房に通っていた。生徒の一人がパリの美術学校から戻り、「ぜったいパリに行った方がいい」とそそのかされた。そして版画道具を抱え出発した。

三部屋あるパリのアパルトマンは設備が整っていて快適であった。そして電話、ＦＡＸ機能がきちんと整っているのがなによりであった。過去のホテルの滞在では、日本との仕事のやりとりで支障をきたしたことが悩みの種であったからだ。

毎日学生のように地下鉄、バスで乗り換えて、モンパルナス駅の近くの版画工房に通っていたが、何を勉強しに来たのかわからない

ような若い外国人が多く、しだいに嫌気がさし、行くのを放棄した。フランス滞在許可の学生ビザをもらうためだけに来ている連中と距離をおいた。

パリの歴史を知るには建築を見てまわるのが一番身につく。午前中は部屋で原稿やさし絵を描き、午後は古本屋や建築物を見てまわり、夜は日本で知り合ったフランス人と毎夜安いレストランで飲んだくれていた。

パリのタクシーに乗って感心するのは、住所を口にすると、その場所にぴたりと横づけされることだ。酔っている時はかならず紙に書いた住所を見せることにしている。

この時のパリの滞在は、フランスで翻訳された絵本の出版社から来年用のカレンダーの絵を依頼されたことがそもそものきっかけ

だったが、もう一つは娘の感傷旅行でもあった。

娘は美術大学を卒業してから、ハワイ島や沖縄の南の島でアルバイトをしたり、オーストラリアに語学留学をしたりと親に似て気儘勝手に過ごしていた。この時はスイスにいた。

「三十歳までには結婚する」が口癖であったが、男運にめぐまれず、きちんと定職についた人には出会いがなかった。

私が滞在して一週間目に娘はスイスからやってきた。空港からバスで来るので、近くの停留所で待っていた。一月のパリは空は青いが凍てつくように寒い。黒く長いダウンウエアーに黒い毛糸の帽子、赤いマフラーの娘が、大きなトランクを手にやってきた。

大声で娘の名を呼ぶと「お世話になります」となぜか照れたように笑っていた。

住んでいる部屋まで、このあたりのレストランやセーヌ川を渡った、便利な日本食材店の話をすると「ああパリの匂いがする」と左右の古い建物を見ながら、なんだか嬉しそうに体をゆするのであった。

その夜は路地を二本越えたところにある気軽なレストランに誘った。その店の主人と私は少しは顔馴染みになっていた。娘を紹介すると、主人はニコニコ笑っていた。黒コショーのステーキにフォークを入れると、「うーんおいしい、パリの味」と娘はいたく満足していた。赤ワインのせいか娘は燥《はしゃ》ぐように店の主人にフランス語で料理について質問していた。

私は娘の前で将来の仕事先のことは一切口にしなかった。パリに来た娘は大学時代の友人がパリに住んでいるので、毎日のようにセーヌ川沿いを走るバスに乗って市内の中心地に出歩き、インター

ネットカフェに寄って、夕食の食材を手に部屋に帰ってくるのであった。

旅に出ると娘は毎日膨大な日記を書くのが日課になっていた。絵が入り、美術館のチケット、レストランの領収書が貼られ、日に日に厚くなってくる。時々見せてくれるが、「あっ、そこからは秘密だから」と手で覆ってしまうことも多かった。

娘をパリに呼んだことは本当に良かった。辛いことも遠い異国のパリで過ごすと、思い出が遠ざかりしだいに消え去っていくものだ。晴れた日はセーヌ川沿いにエッフェル塔まで二人で散歩によく出た。娘との会話は特になかった。ただこうして二人で歩くことは年々少なくなることだけは確かである。

ある夜、夜中にふと目が覚めてトイレに行こうとすると、かすか

にタバコの匂いがした。私は長い間禁煙をしていたので、匂いに敏感になっていた。食堂のテーブルの上に小さなランプと日記帳があり、窓を開いて娘がぼんやり外を見ながらタバコを吸っていた。娘がタバコを口にしたことに少し驚いた。

次の日も濃い紺色の空が広がっていたので、娘を散歩に誘うと、「ちょっとパリの日本語学校の先生に会ってくる」と地下鉄で中心地まで出かけ、夕方にひどくやつれた顔をして帰ってきた。そして突然「海外で仕事を見つけるのは厳しいな」と言った。

一週間ほどして娘は帰って行った。なんと日本語学校の教師の合格のメールがパリまで来たのだ。

空港に向かうバスが通過する、公園を越えた橋の袂で娘を見送ることにした。パリに来た時と同じ姿で娘はトランクを引っぱり、私は午後の日が弱くなった川からの冷たい風にマフラーを強くむすん

だ。でも念願の試験に受かり表情は来る前と違って夢見るような明るさがあった。

派手な色をしたバスが遠くから見えて来た。

「お父さんの仕事はきっとうまくいくよ」そう言って娘は手を振り去って行った。

旅は見送る方も置いてけぼりを食ったようで、意外にさびしいものだとその時はじめて感じた。

ヒマラヤトレッキングの年頃

高校生の息子と一緒に、正月休みを利用してヒマラヤトレッキングに参加したことがある。この時のコースはジョムソン街道からチベット仏教とヒンドゥー教の聖地、ムクティナートへの十日間の旅であった。山旅は歩いた距離や時間が長いぶん、振り返ると思い出も多い。

ネパールのカトマンドゥに一泊して飛行機でポカラに向かい、欠航も多いので予備日としてもう一泊し、ふたたびポカラから飛行機に三十分ほど乗り、登山基地となるジョムソンに到着する。

小型の飛行機は山の谷間の間を這うかのごとく低空で飛んでいく。点在する村々で生活している人の姿もはっきりと確認できる。息子は窓にぴったり顔を付けて、初めて眼にするヒマラヤの峰々を見つめている。

ポカラは標高が九〇〇mで、ジョムソンは二七四三mと一気に一八四三mも高度をかせぐ。その日はロッジに荷を置くと、街道でもっとも美しい村といわれるマルファに、高度順応も兼ねて行くことにした。白い石畳に白い壁面が統一された、しっとりとした佇まいの村であった。

日本人の僧侶・河口慧海《えかい》が初めてチベットに入国した一九〇〇年代に三ヶ月間滞在した屋敷跡を見学に行く。記念館として公開されていた。

トレッキングを計画したのは、内外の山を知りつくしたベテラン登山家で、エベレストをはじめヒマラヤ八〇〇〇m高峰を何度も登り、私もヒマラヤの山というといつもお世話になっていた。小柄ながら山に入ると体中からオーラを発散させる生粋の山人間で、いつも笑顔を絶やさない。都会にいても山に入ってもどうしたらこんなに謙虚になれるかと思われるほど控えめで、極めて自慢話が少ない。お酒を飲んでも山での武勇伝がまったく出てこない。

私が三十代の終わりからフリーになり、再び山にのめり込んでいったのは彼の影響が大きい。冬山の荒れ狂う吹雪のテントに居ても常に冷静で、山での事故、遭難を回避するスキルを知りつくしている。

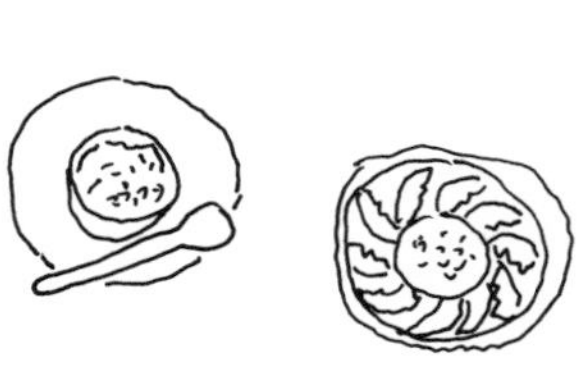

ポカラから同行した若い現地ガイドの仕事は、まず宿に着くと全

員のテルモス（魔法びん）を集めお湯を満たすことから始める。そして参加者の体調をたずねてまわる。

今回のトレッキングの宿泊はすべてロッジであり、そこで朝と夕方は食事をする。ネパール料理の基本はジャガイモ、カリフラワー、ニガウリ、オクラなどの野菜を薄いカレー味でまとめたタルカリ（おかず）が多い。水牛の肉を使った蒸し餃子モモ、ダルという豆のスープと、どれもあっさりした味で日本人にも合う。

チベットとインドを結ぶジョムソン街道は交易路としての歴史が長く、それだけにいくつもの宿や商店も並んでおり、日用品やトレッカー目当ての土産品屋も散らばっている。

トレッキングの最大の敵は生水と高山病である。街道すじの店頭に埃をかぶったミネラルウォーターが売られているが、手を出さないに限る。

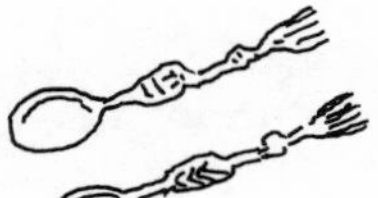

私はこれまでリーダーと六、七回はヒマラヤトレッキングに参加したが、一度も体調を崩したことはない。肝に銘じていることは生ものに絶対に手を出さないことだ。

アイスクリームや露店で見かける、切り盛りした果物は食欲をそそるが、見るだけに留めて口にしないほうがいいだろう。油断して食べた人がその後七転八倒して下痢をし、その後のツアーのすべてをキャンセルしたのを知っている。

最初のジョムソンのロッジの薄暗い裸電球の下で、息子はザックから取り出しオートバイ雑誌を熱心に眺めていた。50ccバイクの免許を取ったばかりで、山に来ても息子の頭の中はバイク一色であった。来たるべき中型、大型免許に夢を広げている。

空港の待合室でも「オレは山よりもバイクが命」だといわんばか

りにＨＯＮＤＡのロゴが入った厚手のジャンパーを着て、雑誌に眼をおとしている。

大人たちに混じりこうした反抗的で、すねたような態度をとっているのは、うっとうしい父親といるからかも知れない。これは十六、七歳特有のしぐさである。世をすね、いつも不満そうなふてくされた顔を、その頃の年齢の高校生はするものだ。

気になるのは、息子は日本を出発する前からいくらか風邪気味で、顔色がすぐれなかったことだ。カトマンドゥのホテルでも元気がなかった。一緒に旅に参加している医者からいくらか強めの薬をもらい、それを飲んでからやっと体調を戻しはじめた。

登山を開始して二日目にジャルコット（三六一二m）に向かったの

だが、だだっ広いカリ・ガンダキの河原はチベット側から吹き上げる冷たい風に身を切られる思いがした。

振り返ると世界第七位のダウラギリ（八一六七m）がびっしりと雪をかぶり鋭い頂上を見せている。リーダーの彼は燃え上がる若き二十代に登った白い峰をじっと眺めていた。

それにしてもチベット側からの風が強く、谷間から砂埃まじりの突風が顔面に突き刺さる。ゴーという風の音を聞くとその度に背を向けるのだった。とにかく向かい風が強く、体を前に倒して歩くのがやっとである。逆に後ろを振り向くと強風でひっくり返りそうである。両手にストックを握り、ひたすら耐えるかのごとく歩いてゆく。

現地ガイドは流暢な日本語で「この河原にはアンモナイトの化石があります」と言い、立ち止まった。なるたけ丸い石を見つけ、岩

にぶつけると良いという。半分に割れ、運が良ければそこに山羊の角のような渦巻状のアンモナイトの化石が現れるそうだ。遠い昔ここは海の底だった。

十名は一直線に河原に広がり、手のひらに乗る黒く丸い石を見つけると、岩にぶっつけている。そのうちにしだいにみんな飽きてきたのか、また風に負けまいと歩きはじめた。

だじゃれが得意な一人が「何んもナイト」と言うと、息子が大声で「見つけた」と立派なアンモナイトの化石を手に、はじめて満面に笑みを浮かべ、寄ってくる大人たちに見せていた。

そういえばポカラの土産屋になぜアンモナイトの化石が売っているのだろうとその時は疑問に思っていたが、ここでその謎が解けた。

川沿いから右側の急登を、喘ぐがごとく膝に手を置きストックを頼りに上へ上へ登ってゆく。

やっと強風の束縛からはなれたが、チベット高原の荒涼とした大地の奥に小さくジャルコットの村が見えてきた。

これまでネパールの山を何度も歩いてきたが、これほど身にこたえる冷たい強風は初めてであった。アンナプルナ、エベレスト、マナスルのトレッキング、またトレッキングピークで最も標高が高いメラ・ピーク（六四七六m）に登ってきたが、どこも天候に恵まれたせいもあるが快適に歩いてこれた。

草木が一本も生えていない冬のチベット大地の寂しい大地を見るのも初めてであった。これまで行った温暖なネパールトレッキングの山は、どこも緑が多く和める山々の世界である。

遮るものが一つもない吹きっさらしの中を一日中歩き、ジャルコットの宿に着いても暖は少なく、大きな掘り炬燵のような窪みの

中に足を入れ、全員力なく笑うだけであった。

息子に体調を聞くと「あー」と毛糸の帽子をすっぽりかぶり、背中を丸め生返事だけであった。オートバイメーカーの名が大きく書かれたジャンバーが息子にとっては心の支えなのかも知れない。そして手袋もバイク用の真っ赤なものを大事にしている。

最後の三日目はいよいよ標高三七九八mのムクティナートに向かう日である。うっすらと曇り、陽がささず、今日も寒い一日になりそうだ。ジャルコットから一時間登り、ここはすでに富士山より高いので、全員荒い息を吐きながらじっと我慢強く足を運ぶ。みんな無口でひたすら耐えている。

「無口ナートは遠い」と元気な一人がまた冗談を言うが、誰も返事をしない。全員ひたすら無言で、もう一歩、あと一歩と胸の中で念仏を唱えながら寺院までの道を進む。

聖地のムクティナートは、ネパールやインドからも巡礼が多く訪れるというが、真冬はさすがに人影がなく、我々トレッカーが寒さに震えながら点々とうろつくだけであった。

寒さに負けまいと念仏を唱え、聖地チベット仏教寺院ジョラムキ・ゴンパ（石火寺の意味）にたどり着く。本尊観音菩薩像の下部を覗くと石の間にかすかに炎が揺れている。大いなる自然の力としての天然ガスの炎が赤い。これも信仰対象になっている。

私はマフラーに帽子と手袋を取り、うやうやしく頭を下げ手を差し出すと、ほんのりと暖かさが伝わってきて幸せ感が体にも流れてくる。息子も手袋を取り、ひざまづき両手をかざした。

ムクティナートはネパールの人々にとって生涯に一度は訪れたい憧れの聖地で、境内最奥にある一〇八の蛇口から流れる水は聖水と

して知られ、来た人はペットボトルに入れて持ち帰る。一口飲むだけですべての罪が消え悩みからも救われるという。現地ガイドの人は四、五本のボトルを用意し、カトマンドゥにいる友達に分けてあげるのだと熱心に水を入れて、使い込んだ色褪せたザックにしまい込んだ。

私もこれまでの悪事と将来への祈りをささげてほんの一口湿らせた。

一〇八の泉があり、全てを頭に掛けて回るとこれまでの悪い行いがすべて消えて無くなるというが、頭が凍るので今回は一口の水で許しを願った。息子は健気にも数滴頭にたらしていた。

帰りは一気に下って行く。登っている時は誰もが無表情、無口であったが、下山に陽がさしていくらか暖かくなり、数人ずつ固まり

になって「やっぱり山は苦労しなくてはね。来て良かった」と聖地を称えるのであった。

カリ・ガンダキ沿いのカグベニのロッジにもう一泊して、余裕を持ってジョムソンに全員無事に到着した。

着いたとたん全員が「暖かい、ぬくいぬくい」と口を揃えたほど、それは共通の思いであった。


ポカラに戻り久し振りのシャワーを浴びると、髪の毛の間から小さな砂がいくつもこぼれ落ちてきた。

息子に「どうだった」と聞くと「もう少し歩きたかった」と生意気なことをいい、ポカラの雑貨屋で買った文庫の古本「スタンド・バイ・ミー」をベッドに横になり読みはじめた。きっと日本人の旅行者がさばいていった本の一冊なのだろう。

息子はネパールの山歩きで山の魅力にめざめたのか、その後とり憑かれたように山に向かい、やがて南アルプスの山小屋で働くようになった。そして二十代の半ばに例のリーダーの登山家一行とデナリ（マッキンリー六一九四m）に登った。高さは六〇〇〇mだが緯度が北極に近く、ヒマラヤ七〇〇〇mに匹敵する厳しさがある。

息子の奥さんになった人とはロッククライミングの岩場で知り合い、今では休暇が取れると、二人の子どもと一緒にキャンプや山歩きを楽しんでいる。山登りは多くの人に幸をもたらす旅である。

コラム4

出かけた先で絵を描くということ

紙の専門会社竹尾のオリジナルステーショナリー「ドレスコ」ノートをこの十年愛用している。片手に収まるサイズで透かし模様の入った無地の紙も、表紙の質感も、ボールペン、マジックペン、色鉛筆の発色とすべてに満足している。

旅に出た時は絵日記のごとく描くことを癖にしている。

カメラやスマホは撮ったことにより安心してしまい、記憶から薄れていく。短い時間だがスケッチをすると、後々思い出に残る。旅の原稿を頼まれた時に、このノートをそのままカット

として使用した事もある。このドレスコノートがなくなると困るので、現在は二十冊ほどストックしている。

スケッチは、気取って丁寧に描こうとすると失敗する。町の風景でも一筆書きで終える方が案外味のある絵になる。ホテルに戻り、色鉛筆を載せると思いの外「名作」が生まれるものだ。絵は下手な方が偽りがない。

ホテルでまだ暗い早朝に目が覚めた時、このスケッチ帖に前日のことを書き込んだり、窓から外の風景を描いてる時、旅情にひたれる。

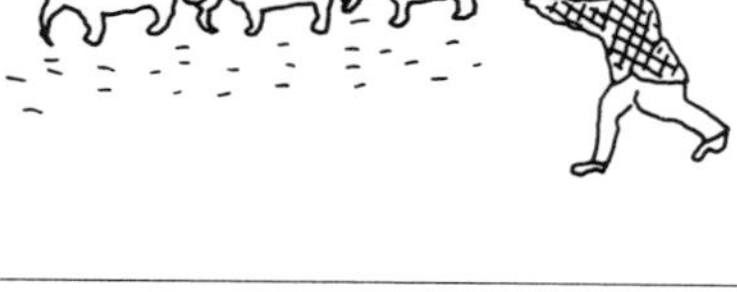

あとがき

最近は海外旅行に行く際は一週間ほど前から断酒をするようになった。普段は大酒飲みのくせに、歳のせいか旅の前はしおらしく体調管理にはげんでいる。

二〇一九年の暮に突如中国武漢で新型コロナウイルスが発生し、日本はもとより世界中を混乱におとしいれている。この影響はあらゆるところに黒い影を落とし、これまでは気軽に行けた内外の旅行を次々と中止に追い込んだ。

国内の感染も全国的に蔓延し、都会はもとより、ほんのとなり町へも行くのも迷い、注意している。

こういう時は旅の本を読み、次の旅先への夢をふくらませる以外、解決方法がない。

旅に出て、町を歩きながら、もう再びここに来ることはないだろう、と思うことがたびたびある。

そんな時には旅のささやかな思い出として、絵ハガキを買うことが多い。押入れの段ボール箱の中に絵ハガキが重なるように入っている。二度と見ることがないと思いつつ、買ってはそっと中に入れている。

そしていつまでも絵ハガキ類を捨てることはない。絵ハガキを処分することは、心の中の思い出の旅も失うようで、胸が詰まる。

旅の思いに「賞味期限」はない。

もう一度、自由気ままに旅に出られることを祈るばかりだ。それは案外と早い。しばらく我慢して本の旅に出よう。

沢野ひとし（さわの・ひとし）

1944年名古屋市生まれ。イラストレーター、エッセイスト、絵本作家。児童出版社勤務を経て独立。「本の雑誌」創刊時より表紙・本文イラストを担当する。第22回講談社出版文化賞さしえ賞受賞。著書に『山の時間』（白山書房）、『クロ日記』『北京食堂の夕暮れ』『中国銀河鉄道の旅』（本の雑誌社）、『人生のことはすべて山に学んだ』（角川文庫）、『ジジイの片づけ』（集英社クリエイティブ）ほか多数。絵本の仕事に『だんごむしのダディ ダンダン』（おのりえん/作・福音館書店）、『しいちゃん』（友部正人作・フェリシモ出版）など。山登り、旅、音楽、片付けなどが趣味。

わたしの旅ブックス

030

真夏の刺身弁当　旅は道連れ世は情け

2021年3月15日　第1刷発行

著者――――沢野ひとし

デザイン――――松田行正、杉本聖士（マツダオフィス）
編集――――及川健智（産業編集センター）

発行所――――株式会社産業編集センター
〒112-0011
東京都文京区千石4-39-17
TEL 03-5395-6133　FAX 03-5395-5320
https://www.shc.co.jp/book

印刷・製本 ――――株式会社シナノパブリッシングプレス

ISBN978-4-86311-288-9 C0026